JN246839

はじめてみよう！これからの部落問題学習

小学校、中学校、高校のプログラム

ひょうご部落解放・人権研究所 編

解放出版社

はじめに

　関西のいくつかの自治体で、ここ数年に実施された人権意識調査によると、高校までに差別や人権に関する教育を受けたことがあるという人は、50 歳以上に比べて 50 歳未満の年齢層で急増している。つまり、50 歳の人が小中高生であった 1970 年代後半〜80 年代前半以降、学校で人権教育が広く行われるようになったのである。そして、その教育でどのようなことを習ったのかという設問では、やはり部落問題が多いのであるが、年齢別でみると、部落問題を習ったという人は、30 歳代、40 歳代に比べて、20 歳代で大幅に減少している。

　このように、人権教育は広く行われるようになったのであるが、近年、人権教育で部落問題を扱うことが少なくなってきているのである。同和対策事業に関する法律が終了した 2002 年以降、人権教育で部落問題が扱われなくなったものと考えられる。

　そして、人権教育における部落問題学習の後退の時期と団塊の世代の教員が大量に退職しはじめた時期が重なってしまったため、それまでの同和教育の実践の蓄積が若い教員たちに受け継がれず、部落問題をどう教えていいのかわからないという若い教員が多くなっているという。

　もし、部落差別が解消し、部落問題が解決済みの過去の課題となってしまったのであれば、上記の傾向も問題ではないが、部落差別はいまなお存在し、現代の大きな社会問題の一つであることに変わりがない。また、児童や生徒たちが家庭や学校などにおいて、家族や友人との会話のなかで、被差別部落（以下、部落という）に対する誤解や偏見に根差した発言に接することもあるだろうし、現にインターネットの世界では、部落や部落民に関して事実にもとづかない情報が飛び交っている。こうしたなかで、部落問題に関する正しい知識をもたなければ、それらの誤解や偏見を批判することはできないであろうし、それどころか、それらの捏造された情報をたやすく受け入れてしまうかもしれない。それゆえ、現在の小中高校生が部落問題を学ぶ意義はけっして小さくないどころか、かえって大きくなってきているともいえるのである。

　本書はこれから小中高で児童・生徒に部落問題を教えていこうと考えている教員の方々に、授業を進めていくうえでのさまざまな手がかりを提供しようという目的のもとに編まれたものである。2014 年 4 月、一般社団法人ひょうご部落解放・人権研究所の指定研究「『これからの部落問題』学習プログラム作成研究事業」として、これまで小中高、そして大学で同和教育に取り組んできた教員 6 名に、部落解放同盟兵庫県連合会事務局員 1 名を加えた 7 名による研究会が立ち上げられ、2016 年 9 月まで 24 回にわたる研究会がつづけ

られた。そこでの成果を取りまとめたものが本書である。

　本書の編集にあたっては、つぎの3点を基本方針とした。

　第1に、これまでの同和教育のなかには、部落差別の厳しさを強調するあまり、部落に対して悲惨・惨めといったイメージを児童・生徒にもたせてしまうという傾向が一部にみられた。また、抽象的に部落差別の厳しさを強調することは、それだけ部落が差別されるのだったら、部落というところはよほど周囲とは違ったところなのだろうという異質視を児童・生徒にもたせてしまった点も指摘できる。本書では、1960年代以降の部落の生活実態の変化と、いま現在の部落の実態を正確に児童・生徒に伝えるという語り方に努めた。

　第2に、これまでの同和教育では前近代の被差別身分の歴史を中心に語ることが多く、前近代から近代への変化、近代から現在に至る部落の歴史があまり扱われなかった。そのため、現在の部落は江戸時代の被差別身分の人たちの子孫が代々固まって住んでいるところだという「部落民＝血筋の違う人たち」という血筋幻想を児童・生徒にもたせてしまったのではないか。本書では、血筋は部落差別の根拠になっていないことを示し、血筋幻想にとらわれない、部落の歴史の語り方に努めた。

　第3に、部落に対する誤解や偏見は根強く存在しており、日常生活のなかでこうした内容の発言や情報に接したとき、部落問題に関する正しい知識をもっていなければ、それを批判することはできないし、そうした誤解や偏見を容易に受け入れてしまう恐れもある。そのため、部落に対する誤解や偏見を批判できる力を児童・生徒につける教育の進め方を提示することに努めた。いわゆる「寝た子を起こすな」という主張は依然として根強いが、こうした主張は、部落に対する誤解や偏見が現に存在する以上、部落差別の再生産につながるだけで、百害あって一利もないのである。部落問題を教え、児童・生徒に部落に対する誤解や偏見を批判できる力をつけなければ、部落差別の再生産を断ち切ることはできないのである。

　本書は第1部と第2部からなる。第1部では上記の3つの基本方針を具体化し、さまざまなデータを用いて、児童・生徒に部落問題をどう語っていけばいいのか、その方向を示すことに努めた。そして、第2部では小中高それぞれで同和教育に取り組んできた現役教員が各自のこれまでの実践にもとづいた学習プログラムについて詳述することに努めた。そのため、学習プログラムは、必ずしも上記の3つの基本方針を具体化した内容にはなっていない。3つの基本方針は、本書の各執筆者がこれから取り組むべき方向であり、それは第1部で具体化されているが、第2部で示したプログラムは、これまでの実践をもとに組み立てられているので、学習プログラムにおける3つの基本方針の具体化は、私たち執筆者の今後の実践において実現していくべき課題である。したがって、第1部と第2部は、それぞれ独立したものとして読んでいただきたい。

　実践編である第2部は、小中高それぞれの学習プログラムとして構成されているが、各

プログラムに重複している部分もみられる。これは筆者である各教員がそれぞれ自分の問題意識を語った結果である。そのため、たとえば中学校の学習プログラムだけに目を通すという読み方もできるようになっているが、小中高と通して読んでいただければ、より一層理解が進むものと考える。

　また、本書では 16 のコラムを掲載した。これらは同和教育を進めていくなかで、教える側がもつことが多い困難や疑問に答えるように執筆した。部落問題の理解を深めるとともに、教材としても活用していただきたい。

　学習プログラムは、経験豊富な教員のこれまでの実践にもとづいている。より効果的な同和教育にこれから取り組もうと考えておられる教員の方々は、これをそのまま自らの授業実践に入れ込むというのも、ひとつの方法ではあるが、学習プログラムの一部だけを活用したり、小中高校の各学習プログラムからそれぞれ取り出した部分を組み合わせて活用したり、それにコラムを加えるなり、多様な方法で本書の学習プログラムを利用していただきたい。

　2016 年 12 月、部落差別解消推進法が成立した。この第 5 条には、国と地方公共団体は必要な教育と啓発を行うとある。しかし、部落の実態を具体的に示すことなく、ただ部落差別の厳しさを強調するだけなら、部落差別の解消を推進することにはならないであろう。同和教育の再出発に向けて、第 1 部の基本方針の具体化をベースにして、小中高校それぞれの学習プログラムを参考にしながら、各地で授業実践が始められることを期待している。

　　　　2017 年 2 月　　　　　　「これからの部落問題」学習プログラム作成研究会

第1部

部落問題学習の現状と課題

なぜ部落問題を教えるのか

石元清英

1 これまでの同和教育は何をしてきたのか

大学院生からの質問

10年近く前のこと、大学院の授業が終わったあと、受講生である大学院生から「部落では近親結婚が多いために、障害者が多く生まれていると聞いたことがあるが、それは本当か」という質問を受けた。私は近世から現在に至る被差別部落（以下、部落という）における結婚のありようを説明し、そうした事実はないと答えたあと、その院生に「そんな話を誰から聞いたのか」と尋ねたところ、「おばあさんから聞いた」と言う。私は、その院生に小中高で同和教育を受けなかったのかと聞くと、その院生は東大阪市の出身で、高校ではあまりなかったが、小中学校では、かなりたくさん同和教育を受けたと言う。では、それだけたくさん同和教育を受けてきて、おばあさんから聞いたことが間違っているとは思わなかったのかと尋ねると、まったく思わなかったという答えが返ってきた。

この院生は、高校までの同和教育で部落出身者が部落外出身者との結婚に際し、相手方の家族や親戚から強い反対を受けるという、現在でも解消していない結婚差別の厳しさについて習ったが、部落における結婚の実態やその変化（近世における被差別身分の通婚圏の広さや、戦後における部落外出身者との結婚の増加など）については、習っていないのであろう。そのため、同和教育で習った、結婚差別がいまだに続いているという話と、祖母から聞いた部落では近親結婚が多いという話が矛盾することなく、結びついてしまったのである。つまり、結婚差別がいまだに厳しいということは、部落外出身者との結婚が難しいのであり、その結果、部落では近親結婚が多くなるのだろうと考えてしまうのである。このように、高校までの同和教育が社会に根強く存在する部落に対する誤解や偏見を批判する力となりえていないのである。

部落に対する異質視

同和教育を担当する教員によって大きな違いがあるのは当然であるが、現在の部落の生活実態の具体的なありようや、これまでの部落の変化について、詳しくふれる同和教育は、あまり行われてこなかったのではないだろうか。都市部落や農村部落における生活実態の違いや、それらの部落で生活する人たちの実像などにふれることもあまりないだろう。これまでの同和教育では、具体的な部落の実態にふれることなく、抽象的に部落差別

の厳しさを強調することが多かったと考えられる。すなわち、どこか知らない、ある地域にA地区という部落があり、そこに住む人たちは結婚や就職に際し、強い差別を受けているという、具体性を欠く部落差別の厳しさの一面的強調が同和教育で行われてきたのである。そして、現在の部落にふれることを避け、近世の身分制度を中心とした歴史の話だけで終わる同和教育も少なくなかったのではないだろうか。

こうした同和教育が、かえって部落に対する異質視を強めてしまったと考えられる。具体性を欠く部落差別の厳しさの一面的強調は、それだけ強く差別されるのだったら、部落（部落民）は周囲とはよっぽど違っているのだろうと、部落に対する異質視を強め、歴史の話だけで終わり、近代以降の部落の変化にふれない教育は、部落は江戸時代の被差別身分の人たちの子孫が代々住み続けている閉鎖的な地区なのだろうと、これもまた部落に対する異質視を強めることになってしまう。

暗い、貧しい、閉鎖的

私が担当する教養科目の部落問題論では、最初の授業の冒頭で、受講生からアンケートをとる。小中高までに同和教育を受けたことがあるか、受けたことがある場合、どのような内容を習ったのか、部落と聞いて思い浮かぶイメージ、部落問題に関するさまざまな意見や見方に対する見解など、受講生が部落問題に対してどの程度の知識や情報をもっているのかを把握するアンケートである。出身地や出身校などの違いによって、部落問題について何も知らない学生もいれば、ある程度の知識をもつ学生もいる。そのため、授業を組み立てていく基礎資料として、最初の授業でアンケートをとっているのである。

表1-1は、そのアンケートの結果の一部を示したものである（2011年後期から2014年前期までの6セメスター分の受講生を対象として実施）。これは、表にある14の選択肢をあげ、部落と聞いて思い浮かぶイメージをいくつでも選ぶという設問で、表の「全体」の下の欄に「ある」「ない」とあるのは、高校までに同和教育を受けた経験の有無を示している。

つまり、高校までに同和教育を受けたことがある学生が242人、受けたことがない学生が159人ということである。

学生のなかには、部落について何も知らないので、部落と聞いても何のイメージも思い浮かばないという者もいる可能性があるので、選択肢の最後に「どのようなイメージももっていない」を加えておいた。すると、同和教育を受けたことがない

表1-1　部落に対するイメージ（同和教育の有無別）　　　　（%）

	全体		イメージなしを除く	
	ある	ない	ある	ない
総　数（人）	242	159	176	126
暗い	29.8	34.0	40.9	42.9
明るい	0.4	1.9	0.6	2.4
こわい	18.6	15.7	25.6	19.8
やさしい	2.1	3.8	2.8	4.8
遅れた	12.4	20.1	17.0	25.4
進んだ	0.4	0.6	0.6	0.8
貧しい	36.8	42.1	50.6	53.2
豊かな	0.4	-	0.6	-
閉鎖的	39.3	50.9	54.0	64.3
開放的	0.4	5.0	0.6	6.3
皮革業が盛ん	14.5	6.9	19.9	8.7
食肉業が盛ん	9.5	8.8	13.1	11.1
高校進学率が低い	7.4	11.3	10.2	14.3
どのようなイメージももっていない	27.3	20.8	*	*

という学生だけではなく、高校までに同和教育を受けたことがあると答えた学生からも「どのようなイメージももっていない」という回答が 27.3% もあがったのである。これは矛盾する回答であるが、自分には部落に対する偏見や差別意識はないという意味で、「どのようなイメージももっていない」と答えた学生がいると考えられるので、この「どのようなイメージももっていない」という回答を除いて算出し直した結果が**表 1-1** の右側の「イメージなしを除く」という欄である。

　これをみると、高校までの同和教育の経験の有無にかかわらず、多くあがったのは、「暗い」「貧しい」「閉鎖的」といったマイナスイメージである。部落は差別されているから「暗い」のだろう。そして、差別されてきた結果、「貧しい」のだろう。また、「貧しい」から差別されるのだろう。部落は差別され続けた結果、「閉鎖的」なコミュニティとなっているのだろう。部落に対して、こうした一面的なマイナスイメージをもつ学生が同和教育の受講経験の有無にかかわりなく多くみられるのである。

　小中高で同和教育を受けてきたにもかかわらず、部落に対して異質視や一面的なマイナスイメージをもってしまっているのか、これまでの同和教育の点検が行われなければならないだろう。そのことは同時に、より大きな成果があがる同和教育のあり方を考えることにもつながるといえる。

　部落の変化と現在の実態を伝える教育、そして、いまだ社会に根強く存在する部落に対する誤解や偏見を批判する力をつける教育、こうした新しい同和教育のあり方について、これから考えていきたい。

2　なぜ部落問題を教えるのか

忌避される部落問題

　初対面の人に大学教員であると自己紹介すると、相手は「何を教えているのですか」と尋ねてくる。初対面なので、何を話していいのか、話題のとっかかりとして、どのような授業を担当しているのかを聞き、それに関する質問をすることによって、会話を進めていこうとするのである。そこで私が「部落問題です」と答えると、相手はまずいことを聞いてしまったという顔をし、部落問題についてはまったくふれずに、いきなり話題を変えてしまう。もし、私が「家族社会学です」と答えたとしたら、相手は未婚化・晩婚化や子ども虐待、高齢者虐待など、家族に関わるさまざまな問題について聞いてくるはずであるが、部落問題となると、会話が停止してしまうのである。

　このように、部落問題については、うかつなことを言うと、面倒なことになるのではないかと、部落問題をふれないほうがいい問題、ややこしい問題と考える人が依然として多い。そのため、家庭や隣近所、学校、職場などで、身近な人たちと部落問題について議論したり、語り合う機会など、皆無といってよい。部落問題については、ふれないほうが無

難だと、部落問題について語ることを避けるという風潮がみられるのである。

　新聞やテレビなどのマスメディアでも部落問題を取り上げることはほとんどない。その意味では、部落問題など、この世の中には存在しないものと扱われているといってよい。たとえば、キリスト教社会運動家として著名な賀川豊彦（1888〜1960年）が社会運動を始めて100周年にあたる2009年、神戸で記念シンポジウムが開催された。それを紹介した朝日新聞の記事（2009年8月29日夕刊）には、賀川は「1909年、21歳で神戸の貧しい人々の街に住み込んだ」とある。賀川は1909年から葺合新川の部落に住み込み、献身的な奉仕と伝道を行い、一膳飯屋「天国屋」を開業したのであるが、新聞には部落ということばはまったく出てこない。また、京都市の東七条部落で1899年に設立され、部落産業の育成・振興に大きく貢献した柳原銀行の建物が移築保存され、現在は柳原銀行記念資料館となっているが、この建物を紹介した『京都の洋館』（青幻舎、2004年）という写真集には、柳原銀行がつぎのように紹介されている。「地域の産業振興や教育向上のため住民たちが一致団結し、つくり上げた銀行だった。大正期の金融恐慌の影響で昭和2年に幕を下ろすまで、全国的にも珍しい私設銀行として地域に親しみ、人々の生活に大きな潤いを与えた。あの時代、地域の人々の団結により歴史の新しいページがひらかれた。建物は時代のシンボルとなり、いまなお人々を励まし続ける。記憶を後世に伝え残すため現在は資料館として保持され、全国から多くの人が訪れている」。マスメディアでも部落問題は忌避され、隠蔽されているのである。

　部落問題について、語り合う機会がなく、新聞やテレビなどでも取り上げられないということは、いったんもってしまった部落に対する誤解や偏見が正される機会もないということだ。間違って思い込んでしまっていることも、それを口にすることで、他者からその誤りを指摘され、間違いに気づくことがある。また、新聞やテレビなどで部落問題に関するさまざまな情報が発信されていれば、自分が誤解していたことを知ることになる。しかし、部落問題については、それを口にすることがなく、マスメディアでも取り上げないために、誤解や偏見が正されないのである。

　このように、部落問題について議論したり、語り合うことがほとんどない一方で、部落に対する差別的な情報に出合うことは、けっして少なくない。大阪府豊中市が行った市民意識調査（2013年に16歳以上市民5,000人を対象に実施。有効回収率36.6％）によると、「あなたは、これまでに同和問題に関して、次のような発言を直接聞いたことがありますか。複数ある場合は、強く印象に残っているものを選んでください。（○は1つ）」という設問で、発言の内容は、**表1-2**にあげた6つである。

　これによると、「聞いたことはない」は37.1％、

表1-2　同和問題に関して、次のような発言を聞いたことがあるか

	(%)
総　数　（人）	1,551
同和地区の人（子ども）とは、付き合っては（遊んでは）いけない	2.2
同和地区の人とは、結婚してはいけない	10.3
同和地区の人はこわい	8.5
同和地区の人は無理難題を言う	8.7
同和地区は治安が悪い	7.3
住宅を購入する際、同和地区内の物件を避けたほうがいい	14.1
聞いたことはない	37.1
不明・無回答	11.9

豊中市『人権についての市民意識調査報告書』2014年

「不明・無回答」は11.9％なので、部落問題に関する差別的内容を含む発言を聞いたことがあるという人は、51.0％となる。半数の人が部落問題に関する差別的内容の発言を聞いた経験をもつのである。そして、聞いたと答えた人のなかには、複数回聞いたり、内容の異なる発言をいくつか聞いたという人も少なくないだろう。

こうした発言を聞いたと回答した人に、「それを聞いたとき、どう感じましたか。また、どうしましたか」と問うたところ、「そのとおりと思った」10.2％、「そういう見方もあるのかと思った」52.1％、「反発・疑問を感じたが、相手には何も言わなかった」15.3％、「反発・疑問を感じ、相手にその気持ちを伝えた」3.8％、「とくに何も思わなかった」16.0％、「不明・無回答」2.5％と、反発・疑問を感じた人は19.1％にすぎず、差別的内容を含む発言を聞いて、それを肯定する人が1割おり、一見中立的のようでもあるが、同調にもつながりかねない「そういう見方もあるのかと思った」という回答が半数を占めるのである。

このように、部落に関する差別的な内容を含む発言を聞いたという人が多くいるのである。そして、こうした発言に対して、疑問や反発を感じる人が少ないほど、こうした差別的な発言は繰り返され、それを聞いた人もその差別的な情報をそのまま受け入れ、別の人に伝えていく可能性が大きくなる。さらには、部落問題がタブー視される風潮が依然として強い現在、「部落を暴く」ことがそのタブーに挑戦することになると考えるのか、インターネットの世界では部落の地名や所在地が明示され、部落・部落民に関する偏見に満ちた情報が流れ、拡散している。

たとえば、ヤフー・ジャパンのホームページで「部落問題」と「結婚差別」の2つのキーワードを入れて検索すると、ヒット件数の10位以内に「ヤフー知恵袋」という掲示板があがってくる。そこには「いまでも部落差別ってあるのですか？　部落最大の問題は、結婚差別と聞いた事あるのですが、なぜなんでしょうか？」という質問に対して、「関西では、名前や居住地、親の職業で部落民かどうかわかるが、隠したり、転居する者もいるので、身元調査をする。それは、部落では近親結婚を繰り返してきたので、障害者が多く、また、犯罪者が多いからだ」といった内容の回答がベストアンサーに選ばれ、紹介されている。159ページのコラム⑯で詳しく述べたように、現在でも過去にさかのぼっても、部落で近親結婚が多い（多かった）という事実はないし、部落に犯罪者が多いということを裏付ける統計データなども存在しない。このように、インターネットの世界では、根も葉もない差別的な情報があふれている。いまの時代、若者の最大の情報源はインターネットである。それゆえ、部落問題に関する正しい知識・情報をもつ人を増やしていくことで、こうした負の連鎖を断ち切ることができるのだ。そのためにも、社会に根強く存在する部落に対する誤解や偏見を批判できる力をつける教育が必要なのである。

見えにくい部落差別

前述したように、部落問題について身近な人と語り合う機会もなければ、マスメディア

が部落問題を取り上げることもないので、部落差別など、もうなくなったと感じる人も多いだろう。そもそも部落民がなかなか見えにくい存在となっているため、なおさらである。

世界人権問題研究センターが

表1-3　マイノリティとの接触経験　　　　（%）

	障がいのある人	在日韓国・朝鮮人	日本で暮らす外国人	性的マイノリティ	被差別部落の人
自分自身がそうである	1.0	1.4	1.1	0.9	0.5
家族や親族にいる	14.6	1.7	2.4	0.6	1.0
親しい友人にいる	5.5	14.6	10.9	6.1	3.0
知人にいる	35.9	26.2	33.9	13.3	7.0
いない、わからない	44.8	56.5	51.7	78.9	87.4
無回答・不明	0.7	0.7	0.8	0.7	1.2

世界人権問題研究センター『若者の共生意識調査報告書』2015年
対象は、関西を中心とした12大学の大学生、有効回答2,867

2014年に大学生を対象として実施した意識調査によると、「あなたの身近な人のなかに、以下のような方はいますか」という設問への回答は、**表1-3**のようである。これによると、障害者や在日韓国・朝鮮人、日本で暮らす外国人などに比べ、部落民が友人・知人にいるという人が非常に少ないことがわかる。従来からカミングアウトする人が少なく、見えない存在であるといわれてきた性的マイノリティ（同性愛者やトランスジェンダーなどのセクシュアル・マイノリティ）と比べても、部落民のほうがさらに見えない存在となってしまっているのである。

それに加えて、部落差別に限らず、差別事象一般は、見えにくいという特徴をもつ。前述の豊中市の調査では、「日常生活のなかで、あなたはここ5年くらいの間に、人権を侵害されたことがありますか」という設問に、「よくある」2.0％、「時々ある」9.0％、「ほとんどない」35.5％、「まったくない」38.2％、「わからない」10.6％、「不明・無回答」4.6％と、直近の5年間に人権侵害を受けた経験のある人が11.0％いた。この人たちに人権侵害を受けたときの対応を聞くと（重複回答）、「相手に抗議をした」のは31.6％で、60.2％の人たちが「黙って我慢した」と回答している。そして、公的な機関に相談したのは、「弁護士に相談した」5.3％、「法務局または人権擁護委員に相談した」1.8％、「市役所に相談した」1.8％、「警察に相談した」4.7％で、人権侵害を受けた人は、黙って我慢することが多く、公的な機関に相談することが非常に少ないのである。

このように、部落・部落民の存在自体が見えにくいことに加え、差別事象も見えにくいのである。そのため、部落・部落民など、自分の周りにはいないと思ってしまうのであり、部落差別など存在しないように見えるのである。

差別に加担する側に立たないために

部落問題に関する正しい知識・情報をもたないことは、部落に対する誤解や偏見を批判できずに、それを受け入れてしまうことになりかねないが、同時に、正しい知識・情報をもたないことは、知らないうちに差別に加担してしまう可能性もある。日常生活のなかで部落に関する差別的な情報に接する機会が少なくないことはすでに述べたが、部落問題に関する正しい知識や情報をもたなければ、そうした場で差別的な情報を肯定することにもなってしまう。

部落出身であることを周囲に打ち明けていない人が職場にいたとしよう。その人を含む数人で雑談をしていたとき、そのなかの一人が「この近くの〇〇町は部落で、こわいところだから、近づかないほうがいい」「部落の人たちは血族結婚を繰り返していて、血筋が特殊だから、結婚してはいけない」などの発言をしたとする。部落出身を隠している人にとっては、いたたまれない気持ちになるだろう。そして、その場にいる同僚がその発言に同調すれば、その気持ちはさらに強くなるだろう。そのとき、その発言の誤りを指摘する人がいれば、その場の空気も大きく変わり、出身を隠している人も少しは救われた気持ちになるのではないか。

　このように、部落問題について正しい知識・情報をもっているか、もっていないかは、差別に加担するかしないかに関わってくるのである。それゆえ、部落問題に関する正しい知識・情報を伝える教育が重要なのである。

新たな人との出会い

　さきほどの職場の例で、もしあなたが差別的な発言の誤りを指摘した人であったなら、出身を隠している同僚は、あなたを信頼して別の機会に自分は部落出身者であるとあなたに打ち明けてくれるかもしれない。つまり、新たな人との出会いが始まるのである。被差別者に対して偏見をもたず、人権意識の高い人ほど、部落民や在日韓国・朝鮮人、セクシュアル・マイノリティ、HIV 感染者など、さまざまなマイノリティからカミングアウトを受ける機会が多くなるだろう。すなわち、高い人権意識をもつことは、自分とは立場、境遇の異なるさまざまな人たちとの出会いを広げることにつながっていくのである。たとえば、特定の人種や民族を見下し、馬鹿にするような人は、その当人と似通った人間としか関係をもてず、狭い人間関係の人生を送るであろう。差別問題を学ぶことは、さまざまな人たちとの新たな出会いをもたらし、多様な人たちとの関係を深めていくことになるのである。それはその人の人生の質を高めることにもなるといえる。

なぜ部落問題を学ぶのか

　なぜ、部落問題について学ぶ必要があるのか。それは部落問題が現在の社会で生起している人権問題であり、部落問題を学ばなければ、部落問題に関する正しい知識や情報を獲得できないということであり、それは差別に加担する側に立ってしまうことになりかねないからである。そして、部落問題について学ぶことは、たんに差別に加担する側に立たないだけではなく、部落差別をなくしていく力になることでもある。さらには、周囲にいながら見えない存在であった部落出身者からのカミングアウトに出合うという、新たな人間関係の形成につながることもあるだろう。

　部落問題を学ぶのは、同情心からでもなく、義務感からでもない。差別の側ではなく、反差別の側に立つと同時に、新しい人との出会いをもたらすからだ。これは部落問題に限

らず、全ての差別問題について共通していえることである。

　部落問題について教える意味は、けっして小さくなどなっていないのである。

人権の語られ方

　これまでの人権教育（同和教育）では、部落問題や障害者問題などの人権課題を抱えた人たちの実例を示しながら、人権について語ることが多かった。それらは確かに重要であることはいうまでもないが、それだけで人権教育が終わってしまうなら、児童・生徒は人権問題がどこか自分たちの知らないところで人権を侵害されて、困っている人たちの問題だと思ってしまい、他人事となってしまう。

表1-4　憲法に明記されている権利	（重複回答、%）		
	1973年	1993年	2013年
ア. 思っていることを世間に発表する	49.4	39.0	36.4
イ. 税金を納める	33.9	39.5	46.8
ウ. 目上の人に従う	5.6	6.7	8.0
エ. 道路の右側を歩く	19.9	15.3	14.8
オ. 人間らしい暮らしをする	69.6	75.2	77.9
カ. 労働組合をつくる	39.4	25.5	21.7
キ. わからない、無回答	7.8	5.7	3.9

NHK放送文化研究所「日本人の意識調査」

　表1-4は、日本国憲法に国民の権利として明記されているものはどれであるのかを問うた調査の結果である（質問文は、「リストには、いろいろな事柄が並んでいますが、このなかで、憲法によって、義務ではなく、国民の権利と決められているのはどれだと思いますか。いくつでもあげてください」）。

　2013年の最新の調査結果では、「人間らしい暮らしをする」（77.9%）がもっとも多くなっている。これは25条の生存権であるが、これにしても本来なら100%近い回答となっていいものである。そして、2番目に多いのが「税金を納める」（46.8%）で、「思っていることを世間に発表する」（21条の表現の自由、36.4%）よりも割合が高くなっている。そして、「労働組合をつくる」（28条）は21.7%しかなく、「道路の右側を歩く」とそれほど差がないのである。これが基本的人権に対する一般的な理解なのである。また、1973年と比べて、権利に対する理解が深まっているともいえない。

　自分がどのような権利をもっているのか、わからないなら、自分の権利を守ることなどできない。自分の周りの人たちがどのような権利をもっているのか、知らなければ、他人の権利を侵害しないという保証もできないのである。

　人権は全ての人たちがこの社会で一緒に生きていくうえで、非常に大事なものであるということがみえてこない教育をしてきたのではないか。人権はどこか知らないところで困難をかかえた特定の人たちだけの問題ではなく、私に関わる問題であるという、私が主語の人権教育がいま必要なのである。

部落差別はもうなくなっている？

「寝た子を起こすな」と同じように、これもよく聞かれる意見です。

「なくなっている」というならば、いつなくなったのでしょうか。それは、国全体から？　それともあなたの町から？

ところで、部落差別と聞いたとき、具体的にどのようなことがらがイメージされているのでしょうか。

部落出身者にぶつけられる直接的な差別行為、たとえば、あからさまに結婚差別をするとか、就職の際に排除するとか、賤称語を用いる……などでしょうか。

ある高校生対象の意識調査では、
○自分の周りではあまり人権問題を<u>見かけない</u>からかもしれないけれど、部落差別がこの日本でいまだに起こっていることが信じられません。
○かつて部落だった地域はあるけど、私は<u>差別を見たことがありません</u>。部落差別があると言われても、いまいちピンときません。
などの回答がありました。おそらくこのような回答をした高校生にとって、部落差別とは極めて露骨なものとして、とらえられているのでしょう。そうだとするなら、確かに見えないものなのかもしれません。

自分が直接見ることのできないもの、過去のものは「ないもの」になってしまいがちです。

しかし、部落差別は「見えるもの」だけではないのです。

右上のグラフは、α市の学力状況調査の結果です。5教科（国数社理英）、3,000人を対象にしたものです。全市平均を100

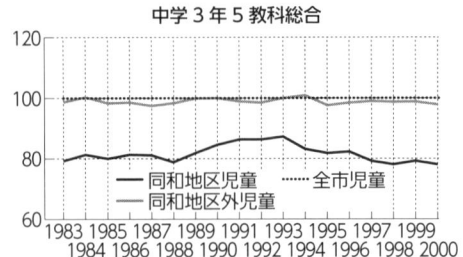

中学 3 年 5 教科総合

（グラフ内凡例）
― 同和地区児童　　‥‥ 全市児童
― 同和地区外児童

外川正明『教育不平等―同和教育から問う「教育改革」』（解放出版社、2002）p.65 より

という指数に換算し、黒線が部落の生徒たち、灰色線が同じ学校に通っている部落外の生徒たちです。外川正明さんは「高校進学率はほとんど格差のない状態になってきているのに、実質的な学力については この20年間で解消していない……」と分析しています。この格差の存在は差別でしょうか。部落差別は社会構造のなかに、生活実態のなかに存在するのです。

最近では、インターネット上で『部落地名総鑑』がオークション出品されたり、自由にダウンロードできたりするような事件が起きています。インターネットで「部落」で検索をかけてみると、どんな情報にヒットするでしょうか。インターネット上にはいまも、差別的な書き込みが絶えないのです。容易には削除されず、蔓延しているといっていいでしょう。これで、部落差別はもうなくなっているといえるでしょうか。

日常生活で頻繁に出合うことがないものであっても、それは「ない」ものではありません。意識的に見ようとする営みが求められているのです。

〈井上浩義〉

コラム② 「寝た子を起こすな」論とは

部落差別の解決方法としてあげられるものには、政策的、経済的取り組みや、人権尊重の意識を高めるための教育・啓発が必要だとする積極的なものもあれば、問題を含むものも少なくありません。

その代表的なものが「部落の人たちが、一定の地域にかたまって生活しないで、分散して住むようにすればいいという「部落分散論」と、「部落問題のことは口に出さず、そっとしておけば、差別は自然になくなる」「寝た子を起こすな」論です。

もしこの考え方が正しければ、部落問題の解決の方法は、「部落のことは考えない、意識しないようにする」「学校やメディアが部落問題に関する情報を提供しない」ということになります。

この考え方は「部落差別が存在している」ということが前提になるという矛盾をはらんでいます。差別がないのなら、「そっとしておく・意識しないようにする」必要はないからです。

いまなお存在している部落差別を「教えない、知らせない」とは、どういうことでしょうか。簡単にいえば、「事実を隠せ」ということになります。「事実があっても、教えない、知らせない」ということが部落差別をなくす方法である……なんともおかしなことになってしまいます。

一般的に、知識を獲得することは「喜び」であり、ワクワクする経験であるはずです。なのに、部落問題については、知ったら変に意識してしまうから、知らないほうがいい、教えないほうがいいと考えてしまうのはなぜでしょうか。ある人たちを差別し、排除しようとする心理があって、そこに部落問題が入ってくると、差別する側に回ってしまうかもしれない自分に無意識に気づいているのかもしれません。

差別や偏見に対して、抗しうる科学的認識と態度をもち合わせているなら、部落問題が入ってきても、「それはおかしい」と批判できるでしょうし、「変に意識してしまう」こともないはずです。「そっとしておけばなくなる」というなら、たとえば「水平社」もなく、解放運動もなく、同和対策事業も行われず、同和教育も一切なかったら、もっと早く部落差別がなくなっていたということになります。

「寝た子を起こすな」という考え方は、このようにさまざまな矛盾を含みながら、いままで受け継がれ、その結果、部落差別を直視しないことによって、差別をないことにしてしまい、問題が放置されてしまうという状況をつくりだしています。

一見、「部落差別の解決法」という装いをもった「寝た子を起こすな」論や「部落はコワイ」「血筋が違う」などの偏見を打破しうる知識、態度、スキルを獲得するには、どのような内容をどんなふうに教えていくのか、学んでいくのかが問われなければならないはずです。

現実を見ない、語らない、聞きたくないというのではなく、いま、私の生きているこの部落問題をめぐる状況にたどり着くまでに、人々のどのような取り組みがあったのか、そして、どうしてまだ部落差別が解消されていないのか、何が課題なのか……。そのような積極的な「問い」をもつことを大切にしたいものです。

〈井上浩義〉

II

部落問題の何を伝えるのか

I　部落とは何か、部落民とは誰なのか

部落の定義

　私たちが「部落」あるいは「部落民」というとき、確固たる境界線をもつ実体を思い描くが、部落、部落民を一元的な基準で定義することはできない。

　部落史研究の第一人者で、大阪市立大学の名誉教授であった原田伴彦さんは、部落を「社会通念によって長いあいだ部落だとみなされてきたところ、そして、現にそうみなされているところ」と定義している（『入門部落の歴史』解放出版社、1984年 p.126）。長いあいだ部落とみなされてきたところが部落で、現に部落だとみなされているところが部落だという。これは定義になっていない。しかし、部落はこのようにしか定義できないのである。

　「同和問題の解決は国の責務であり、国民的課題である」と謳った同和対策審議会答申（1965年）を取りまとめた同和対策審議会は、答申を出すにあたって、1963年に全国の部落を調査した。全国の部落を調査することによって、部落の生活実態を把握し、そのうえで答申を作成したのである。当然のことであるが、調査する以上、何が部落であるのか、調査対象の定義をしなければならない。そこで、同和対策審議会が行った定義は、つぎのようなものであった。調査対象「当該地方において一般に同和地区であると考えられている地区」、調査対象の範囲「当該地方において一般に同和地区であると認められている広がり」。結局、原田さんの定義と同じである。このように、「部落だとみなされているところが部落だ」という言い方でしか、部落を定義できないのである。

　近世の身分制度のうえで被差別身分とされた穢多・非人身分の人たちが住んでいた場所（集住地）が現在の部落となっていると考える人は多い。たしかに近世の穢多・非人身分の集住地で部落となっているケースは数多くみられる。現在、部落だといわれているところの全てが近世の穢多・非人身分の集住地に系譜的につながっているのであれば、「部落とは近世の被差別身分であった穢多・非人の集住地であったところである」という定義ができるが、穢多・非人以外の系譜をひく部落も数多く存在する以上、こうした定義は適切ではない。

　穢多・非人というように、この2つを並べて書くことが多いが、穢多・非人は一緒に住んでいたわけではない。多くの地域で穢多村は、生業として農業をしていたので、穢多村

は農村にあった（農業以外に皮革業や雪駄細工、太鼓づくり、竹細工などの生業もみられた）。しかし、同じく農業を行う百姓村と決定的に違ったのは、穢多身分の人たちが警刑吏役（犯罪の捜査や一揆の鎮圧などの警察役、刑の執行や牢番などの行刑役）、皮革役、掃除役などの役負担をした点である。これは百姓にはまったく無縁の役負担であった。一方、非人は近世になって町中に住む乞食が組織化されたもので、町中の警刑吏の役（警察役と行刑役）を担った。

　穢多村では農業が行われていたので、代々農地を耕し続けるということで、百姓村が明治以降も村として存続したのと同様、穢多村も明治以降、村として存続した。そのため部落となっているケースが多くみられる。これに対して、非人の生業は乞食で、土地を所有していなかったことが多く、かつ町中に住んでいたので、明治以降の都市開発やスラムクリアランス政策などによって、その集住地の多くは解体したが、地域によっては部落となっているケースもみられる。

　近世の政治権力によって制度的に被差別身分とされた穢多・非人は、どの藩にも共通しておかれた被差別身分である。しかし、藩によっては、この穢多・非人に加え、その藩独自の被差別身分を置いたところがある。加賀藩の藤内、広島の福山藩の茶筅、松江藩と鳥取藩の鉢屋など、穢多、非人以外にも、さまざまな被差別身分があった。こうした藩独自の被差別身分の集住地で、部落となっているケースがみられる。

　さらに、中世社会において周囲から賤視される存在（中世賤民）であったが、近世の政治権力が被差別身分に組み込まず、近世社会において平人（農工商）身分であった夙（宿）、声聞師（「しょうもんじ」とも読む）、鉢叩などと呼ばれる人たちがいた。つまり、近世の身分制度のうえでは平人であったが、周囲からは被差別身分とみなされた人たちである。こうした人たちのなかにも、現在、その集住地であったところが周囲から部落であるとみなされ、差別の対象となっているところがある。このように、近世の被差別身分であった穢多・非人だけではなく、穢多・非人以外のさまざまな制度的な被差別身分の集住地の一部や、近世の身分としては平人でありながら周囲から賤視された人たちの集住地の一部で、部落となっているものがある。

　それに加えて、近代に入ってから形成された部落もある。たとえば、明治期に建設された屠畜場の周辺に屠畜業に従事する人たちが来住し、集住地が形成され、そこが部落となったという兵庫県神戸市や広島県呉市、山口県下関市の事例、同じく明治期に建設された皮革工場が核となって部落が形成されたという兵庫県姫路市の事例をはじめ、近代になって周囲から部落だとみなされ、部落となっている地区が各地にみられる。

　以上のように、部落の起源は前近代の単一の身分に全て求められるものではなく、さまざまなケースがあり、歴史的事実として明らかになっていない事柄も多い。したがって、部落の定義を厳密なかたちで行うことは困難であり、上記のような言い方しかできないのである。

部落の定義と同様、部落民の定義も厳密なものとはならない。すでに述べたように、現在の部落の全てが近世の穢多村に系譜的につながっているわけではない以上、「部落民とは穢多の子孫である」と定義できないことはいうまでもない。また、近世の穢多村に系譜的につながっている部落であっても、現在そこに居住する人たち全てが「穢多の子孫」であるわけではない。部落に来住した部落外出身者が長期間、あるいは二代、三代と、その部落に住むにつれ、やがて部落民とみなされ、部落差別を受ける（あるいは部落差別を受ける可能性をもつ）ことはけっして珍しくはないからである。それには、部落民と結婚して部落に居住するようになった部落外出身者だけではなく、結婚以外の理由で部落に来住した部落外出身者も含まれる。幕末に20世帯ほどであった穢多村が明治以降にその周辺に建設された木賃宿（食糧は持参し、薪代を支払って宿泊する安宿）がスラム化し、そこへの流入人口も含め、周辺一帯が部落であるとみなされ、数千世帯という大規模部落となった事例が神戸市にみられる。また、1960年に制作された記録映画『人間みな兄弟』（亀井文夫監督）には、敗戦後、住む家がないために大阪府吹田市の部落に住居を求めた部落外出身の一家の娘が中卒時の就職の際に部落差別を受け、それを苦にして自殺したというケースが紹介されている。

　したがって、部落民とは部落差別を受けている人、もしくは受ける可能性のある人であり、部落民とみなされる人、あるいは自らを部落民とみなす人としかいえない。

何が部落となったのか

　1871年8月、政府は「穢多非人等の称廃せられ候条、自今身分職業共、平民同様たるべき事」との太政官布告を発した。いわゆる「解放令」といわれるが、その内実は「賤称廃止令」である。当然のことであるが、この太政官布告で近世の被差別身分であった人たちに対する賤視がなくなったわけではない。また、近世の身分制度のうえでは平人であったものの、社会的には被差別身分とみなされていた夙などに対するさまざまな差別も依然として続いた。「賤称廃止令」によって近世の被差別身分は役負担（皮革役、警察下役、行刑役など）を解かれたが、同時にその反対給付としての諸権利も失い、それまで穢多が独占していた皮革業にも外部資本が参入するようになった。その結果、近世の被差別身分であった人たちの生活は困窮し、1881年から始まった松方デフレ（大蔵卿であった松方正義の緊縮財政政策により生じたデフレーション）はそれに拍車をかけた。

　こうした生活の窮乏化に対して、自主的な改善運動が起こったが、他方、内務省も取り組みを始め、日露戦争後、各地で地方行政による改善事業が着手された。行政による改善事業は、差別の原因を貧窮した旧被差別身分の言動や生活様式にあるとし、社会における差別意識の存在を無視するものであった。この改善事業のなかで特殊部落（特種部落）という行政用語が使用され始め、20世紀に入ると、新聞などでも使用され、一般にも広く用いられるようになった（なお、特殊部落と特種部落は同義語として使用され、当初は特種部落

のほうが多く用いられた）。

　それまで旧被差別身分に対しては新平民ということばが用いられてきたが（行政用語としては旧穢多、旧非人が用いられた）、その集住地を示すことばはなかった。旧被差別身分の集住地を貧民部落と呼ぶこともあったが、それは近代に形成されたスラムに対しても用いられ、旧被差別身分の集住地のみの呼称として使用されることは少なかった。また、新平民部落ということばもあったが、その使用頻度は高くなかった。旧被差別身分の集住地は各地域において具体的な字名や旧身分名などでそれぞれ呼ばれていたのである。

　そこに特殊部落ということばが登場した。特殊部落は、一般部落、普通部落に対応する。この「一般ではない」「普通ではない」部落を意味する特殊部落ということばが広く用いられるようになるにつれ、各地域で〈われわれとは違う〉とみなされ、差別のまなざしが向けられていた人たちの集住地が周囲の人たちによって特殊部落として認識し直されたのである。いいかえれば、個々の字名や旧身分名などで呼ばれ、賤視されていた集落が特殊部落として新たにカテゴライズされたのである。〈われわれとは違う〉と周囲からみられていたさまざまな集落が特殊部落ということばによって囲い込まれたのである。特殊部落ということばは厳密に定義されたうえで流布したものではない以上、この囲い込みのあり方は地域によって異なり、きわめて恣意的なものとなった。したがって、旧穢多村だけではなく、さまざまな旧被差別身分（近世の制度的な被差別身分のほか、社会的に賤視されていた旧平人を含む）の集落の一部や、近代になって屠畜場や皮革工場が核となって形成された集落までもが特殊部落とされたのである。

血筋の違いは差別の根拠ではない

　大学の授業で学生に「曾祖父母の名前を知っているか」と尋ねても、答えることのできる学生はほとんどいない。つまり、自分の３代前がよくわからない。現在はそういう時代なのである。ＡさんがＢさんを部落民とみなし、差別的言動を行ったとする。その場合、ＡさんはＢさんをどうして部落民とみなしたのか。Ｂさんの祖先をたどり、Ｂさんの５代前は穢多であった、茶筅であった、夙であったということを確認したうえで、Ｂさんを部落民とみなしたのか。それは不可能だ。自分自身の３代前がよくわからないのに、赤の他人の５代前など、わかるはずがない。結局、Ｂさんは部落だといわれるところに住んでいる、住んでいた、住んでいたかもしれないということを根拠に部落民とみなしたにすぎないのである。そこでは血筋の違いは何の根拠にもなっていない。

　自分の家は清和源氏の血を引くのだと、自慢する人がいる。清和天皇を頂点として、そこから末広がりに何本もの線が枝分かれし、その底辺の、無数に分かれた線の一つが自分の家で、清和源氏の血が脈々とそこまで流れているというのだ。しかし、それだけ無数に分かれると、清和源氏の血は限りなく薄くなっているのではないか。こうした末広がりの家系図ではなく、まずいちばん下に自分をおく。この世の中に自分が存在するということ

は、父母が一人ずついたということであり、これには例外がありえない。どんな人にも、父親と母親が一人ずついた（いる）のである。そして、その父親と母親にも、それぞれに父親と母親がいた。つまり、自分からみれば、祖父母が4人いたのである。このように、一代さかのぼるごとに倍々に増えていくという、上に無限に広がっていく家系図を考えてみる。父母は2人、祖父母は4人、曾祖父母は8人、高祖父母は16人、20代さかのぼると、100万人を超える。つまり、どんな人でも数え切れないほどの血が混じった結果、いまの自分があるのだ。そう考えると、尊い血筋だとか、穢れた血筋など、意味をなさないことがわかる。結局、血筋は幻想にすぎないのである。

〈われわれとは違う〉という異質視

　部落・部落民について厳密な定義はできない。これが部落問題の大きな特徴である。部落だとみなされたところが部落で、部落民とみなされた人が部落民なのである。そこでは血筋の違いなど、何の根拠にもなっていない。〈われわれとは違う〉という非常に漠然とした異質視があるだけだ。この漠然とした異質視は、いま現在の部落・部落民について具体的に語られることがなく、部落・部落民の実態が見えにくい現状と相まって、実態からかけ離れた部落・部落民のイメージの捏造（ねつぞう）につながっていくのである。

　部落というと、血筋の異なる人たちが代々固まって住んでいる地域だというように、確固たる境界線をもつ実体としてとらえている人が多いのであるが、実際はまったくそうではない。依然として社会に根強く存在し続ける部落に対する誤解や偏見を批判していくことが部落問題の解決につながっていくのであり、そうした批判力をつけることが同和教育の課題なのである。

2　部落の多様性

部落はどこにあるのか

　自分が住んでいる地域には、部落など存在しないと思っている人は少なくない。部落は自分の知らない、どこか遠くにあるのだろうと、漠然と思っているのだ。人里離れた辺鄙なところに数軒の世帯が固まって住んでいる。そのような部落のイメージをもっている大学生がかなりいて、授業で農山漁村や地方都市、そして大都市にも部落はあり、都市部落のなかには1,000世帯を超える大規模なものがあると教えると、驚く学生が多い。日本のどこかにA地区という部落があって、そこに住む人たちはさまざまな差別を受けて、つらい思いをしているといった、抽象的に部落差別の厳しさだけを強調する授業では、部落の具体的なイメージがわからず、自分が住んでいる地域には、部落など存在しないと考えてしまうのであろう。

　表2-1は、同和地区（同和対策事業の実施対象として行政によって指定された部落。60ペー

ジのコラム参照）の数を府県別に示したものである。この表では、北海道、東北 6 県、東京都、富山県、石川県、沖縄県に同和地区がないとされているが、部落が存在しないのは、北海道と沖縄県だけで、それを除く 9 つの都県には、同和地区はないが、部落は存在する。東北 6 県には 50 地区ほどの部落があるといわれ、東京都には 248 地区、富山県には 233 地区、石川県には 47 地区の部落が存在するという報告がある。したがって、部落が存在しないのは、北海道と沖縄県だけであるが、部落が存在しないからといって、部落差別がないわけではない。たとえば、北海道には本州からの移住者が多いが、そのなかには部落出身の移住者もいて、部落差別が生起している。これは米国や南米などの日系移民

表2-1　全国同和地区の概況

府県	地区数	同和地区		同和関係		同和関係率	1地区平均人口		1地区平均世帯数	
		人口	世帯	人口	世帯		同和地区人口	同和関係人口	同和地区世帯	同和関係世帯
関東計	572	319,159	99,352	82,636	21,561	25.9	558.0	144.5	173.5	37.7
茨　城	32	15,597	4,160	4,604	1,137	29.5	587.4	143.9	130.0	35.5
栃　木	77	48,937	15,202	10,508	2,738	21.5	635.5	136.5	197.4	35.6
群　馬	164	102,561	32,003	27,249	7,199	26.6	625.4	166.2	195.1	43.9
埼　玉	274	122,650	38,075	34,946	8,935	28.5	447.6	127.5	139.0	32.6
千　葉	14	11,321	3,673	2,264	633	20.0	808.6	161.7	262.4	45.2
神奈川	11	18,093	6,239	3,065	919	16.9	1644.8	278.6	567.2	83.5
中部計	532	329,351	105,846	75,455	24,688	22.9	619.1	141.8	199.0	46.4
新　潟	18	10,731	2,910	724	211	6.7	596.2	40.2	161.7	11.7
福　井	6	2,692	793	2,636	773	97.9	448.7	439.3	132.2	128.8
山　梨	6	3,956	1,463	293	94	7.4	659.3	48.8	243.8	15.7
長　野	254	213,819	68,045	15,849	4,596	7.4	841.8	62.4	267.9	18.1
岐　阜	15	10,540	3,310	3,888	1,213	36.9	702.7	259.2	220.7	80.9
静　岡	21	14,246	4,287	7,238	2,121	50.8	678.4	344.7	204.1	101.0
愛　知	9	9,792	3,856	8,922	3,311	91.1	1088.0	991.3	428.4	367.9
三　重	203	63,575	21,182	35,905	12,369	56.5	313.2	176.9	104.3	60.9
近畿計	781	533,494	184,486	372,918	127,516	69.9	683.1	477.5	236.2	163.3
滋　賀	64	40,493	13,089	35,277	11,235	87.1	632.7	551.2	204.5	175.5
京　都	142	61,140	21,042	40,561	13,743	66.3	430.6	285.6	148.2	96.8
大　阪	48	100,092	38,367	87,385	33,324	87.3	2085.3	1820.5	799.3	694.3
兵　庫	341	206,156	68,040	117,297	37,200	56.9	604.6	344.0	199.5	109.1
奈　良	82	58,059	20,312	50,933	17,706	87.7	708.0	621.1	247.7	215.9
和歌山	104	67,554	23,636	41,465	14,308	61.4	649.6	398.7	227.3	137.6
中国計	1,052	261,813	90,734	115,565	38,152	44.1	248.9	109.9	86.2	36.3
鳥　取	107	26,441	7,439	23,562	6,389	89.1	247.1	220.2	69.5	59.7
島　根	86	16,750	5,773	3,221	1,104	19.2	194.8	37.5	67.1	12.8
岡　山	295	73,129	26,203	41,986	14,304	57.4	247.9	142.3	88.8	48.5
広　島	472	102,588	35,964	32,898	11,447	32.1	217.3	69.7	76.2	24.3
山　口	92	42,905	15,355	13,898	4,908	32.4	466.4	151.1	166.9	53.3
四国計	670	260,316	93,204	105,612	39,192	40.6	388.5	157.6	139.1	58.5
徳　島	95	75,490	24,753	30,103	10,433	39.9	794.6	316.9	260.6	109.8
香　川	46	8,779	3,329	7,525	2,906	85.7	190.8	163.6	72.4	63.2
愛　媛	457	121,011	42,571	32,923	11,510	27.2	264.8	72.0	93.2	25.2
高　知	72	55,036	22551	35,061	14343	63.7	764.4	487.0	313.2	199.2
九州計	835	454,656	163,576	140,565	47,276	30.9	544.5	168.3	195.9	56.6
福　岡	606	305,051	109,482	111,784	37,332	36.6	503.4	184.5	180.7	61.6
佐　賀	17	7,399	2,564	1,273	479	17.2	435.2	74.9	150.8	28.2
長　崎	3	2,293	885	292	112	12.7	764.3	97.3	295.0	37.3
熊　本	49	17,205	5,737	11,308	3,665	65.7	351.1	230.8	117.1	74.8
大　分	81	87,267	31,877	8,935	3,117	10.2	1077.4	110.3	393.5	38.5
宮　崎	36	26,657	9,758	729	252	2.7	740.5	20.3	271.1	7.0
鹿児島	43	8,784	3,273	6,244	2,319	71.7	204.3	145.2	76.1	53.9
総　　数	4,442	2,158,789	737,198	892,751	298,385	41.4	486.0	201.0	166.0	67.2

総務庁調査 1993 年

社会のなかで部落差別が生じていることと同じである。

　また、同和地区の数があがっている府県でも、同和地区には指定されていない部落が多くあり、そうした部落の数はこの表には示されてはいない。したがって、この表の数字がそれぞれの府県の部落総数ではない。同和地区には指定されていない部落がどれほどあるのかは、わからない。近世の穢多村の系譜をひく部落で、同和地区に指定されていない部落（未指定部落）は、1,000 地区を超えるといわれるが、それ以外の近世賎民（制度的な賎民と社会的な賎民）の系譜をひく部落で、同和地区に指定されていないものは非常に多く、未指定部落の数は正確にはわからない。

　なお、表 2-1 は 1993 年のデータであるが、国による調査はこれが最後で、国のデータとしては、これが最新のものとなる。

同和地区人口・世帯と同和関係人口・世帯

　表 2-1 では、地区数のあとに「同和地区人口・世帯」「同和関係人口・世帯」とあるが、「同和地区人口・世帯」とは、同和地区として指定された区域に居住する人口と世帯の数であり、「同和関係人口・世帯」とは、同和地区として指定された区域内に居住する部落出身である人口と世帯の数を示している。「同和関係人口・世帯」は「属地属人」で把握された人口・世帯（同和地区内に居住し、かつ部落出身である人口・世帯）であり、同和対策事業の個人施策（奨学金の給付、生業資金・近代化資金の貸付、住宅新築・改修資金の貸付など）の対象となる人口・世帯である。したがって、「同和地区人口・世帯」の数から「同和関係人口・世帯」の数を引いたものが、同和地区内に居住する部落外出身の人口・世帯の数となる。これらの人口・世帯には、同和地区に流入してきた人口・世帯が含まれるが、全てが流入してきた人口・世帯であるわけではない。というのは、同和地区の線引きは、同和対策事業を効率よく実施できるように、実際の部落の境界線を越えて、かなり広い範囲で行われることが多いからである。そのため、同和地区として指定された区域内には、その部落と隣接する部落ではない集落の一部が含まれることが多く、部落に隣接する部落外の集落に従来から居住してきた人口・世帯が同和地区人口・世帯となっているケースも多い（こうした人口・世帯は、自分が居住している場所が同和地区内となっている事実を知らないものと思われる）。

　「同和関係率」とは、同和地区人口に占める同和関係人口の割合である。100 からこれを差し引いた数値は、同和地区人口に占める非同和関係人口の割合となるが、これはどれだけの人が同和地区に流入してきているのかを示す混住率ではない。

同和地区の分布と世帯数規模

　表 2-1 をみると、同和地区は全国 36 府県に 4,442 地区あり、広島県や愛媛県、福岡県では 400 地区を超えているが、福井県や山梨県、愛知県、長崎県では 10 地区を下回る数

表2-2　同和関係世帯数規模別同和地区構成比　　　　　　　　　　　　　　（％）

	総　数 （地区）	10世帯 未満	10〜 29世帯	30〜 99世帯	100〜 299世帯	300〜 999世帯	1,000世帯 以上	不　明
全　国	4,442	23.9	30.5	29.2	11.3	3.5	0.5	1.0
関　東	572	20.5	40.6	31.3	7.5	-	-	0.2
中　部	532	33.0	30.6	26.5	6.9	2.3	0.2	0.4
近　畿	781	9.0	20.8	34.1	21.5	12.3	2.2	0.1
中　国	1,052	38.4	30.8	21.9	7.2	0.9	-	0.8
四　国	670	24.2	35.0	27.4	8.8	3.9	0.3	0.3
九　州	835	15.7	28.5	35.7	14.6	1.4	0.1	4.0

総務庁調査1993 年

しかない。また、四国では愛媛県に、九州では福岡県にとくに多くみられるなど、同じ地域ブロックでも、府県によって同和地区数の違いが顕著である。

　1 地区平均の同和関係世帯数をみると、大阪府が694 世帯と、もっとも多く、愛知県（368 世帯）、奈良県（216 世帯）、高知県（199 世帯）がつづく。一方、世帯数が少ないのは、宮崎県（7 世帯）、新潟県（12 世帯）、島根県（13 世帯）などである。このように、同和地区の世帯数規模は、府県によって大きな差がある。

　表2-2 は、同和関係世帯数規模別同和地区構成比を地域ブロック別に示したものである。これによると、中部や中国では世帯数が10 世帯に満たない同和地区が30％を超えているのに対し、近畿では9.0％、九州では15.7％でしかない。一方、近畿では300〜999 世帯の同和地区が12.3％、1,000 世帯を超える同和地区が2.2％を占める。また、10 世帯未満の同和地区が15.7％しかなかった九州では、300 世帯以上の同和地区も1.5％しかなく、10 世帯から299 世帯の同和地区が多くみられる。このように、世帯数規模からみた同和地区数は、地域によって非常に多様なのである。

　同和地区には指定されていないが、広島県東部では1 世帯だけの部落がみられる。1 世帯だけの部落といっても、過疎化が進んで、世帯が流出していった結果、1 世帯だけが残ったというのではない。前近代（近世）から1 世帯だけの家が周りから異質であるとみなされ、普段の付き合いや結婚を忌避されつづけてきたというケースである。イメージしづらいかもしれないが、たとえば、20 世帯ほどの集落があったとして、そのなかの1 軒だけの家が周囲から部落（われわれとは違う）とみなされ、1 世帯だけの部落として存在しているのである。

　このように、1 世帯だけの部落もあれば、1,000 世帯を超えるような大規模な部落もある。そして、大都市の中心部にある部落もあれば、都市近郊や農村、山村、漁村にも数多くの部落がある。瀬戸内海の小さな島々にも部落はみられる。したがって、部落と一口にいっても、さまざまな部落があるのだ。私たちはこうした部落の多様性を見落としてきたのである。それは産業についても同様である。

多様な産業

　部落というと、皮革業が盛んなのだろう。肉屋さんが多いのだろうと考えている人が少

なくない。しかし、実際は皮革業が行われている部落は非常に少ないし、食肉業が盛んな部落も多いわけでもない。

皮革業には、原皮から毛や脂肪を取り除き、六価クロムやタンニンなどを用いて皮を柔らかくするなめし業と、なめした革を鞄や靴などにする二次加工業がある。牛皮のなめし業が日本のどこで行われているかというと、部落外の業者も含め、兵庫県の姫路市とたつの市に皮革業者が多くみられる。それ以外に北関東などにも牛皮なめしの業者はみられるが、ごく一部の部落に限られているのが実態である。豚皮になると、ほとんどが東京で、埼玉県や栃木県に業者がみられる程度である。二次加工も同様で、その産地は特定地域に特化している場合が多い。

また、食肉業にしても、たしかに地区内に屠畜場があるという部落の場合、食肉の卸売業、小売業の業者が多くみられるが、どこの部落にも屠畜場があるわけではなく、屠畜場があるという部落はごく少数で、珍しい存在といえる。したがって、皮屋さんや肉屋さんが多いだろうと思って部落に行っても、大半の部落では皮革業者はまったく見当たらないし、食肉小売店が多くあるわけでもない。

部落というと、何か周りとは違うのだろうと、違いという点を強調しがちだが、実際の部落は非常に多様なのである。

3　高度経済成長期における就労の変化

高度経済成長と労働需要の増大

日本の高度経済成長期（1955〜73年）の年平均実質経済成長率は10.0％であり、それは同時期の米国（3.4％）や西ドイツ（5.4％）を大きく上回っており、世界史的にみて、稀有な経済成長だといわれた。

高度経済成長期には、製造業の生産規模の拡大と重化学工業やサービス業などの新たな産業が展開し、労働力人口の第1次産業構成比は急速に減少し、第2次、第3次のそれが増大した。そして、高度経済成長による雇用拡大は、深刻な労働力不足をもたらした。企業は新規学卒者を大量に採用したので、中学校、高等学校の新規学卒者を中心とする若年層の労働力不足が著しくなった。**表2-3**は、1955年以降の、全国の中学校と高校の新規学卒者の有効求人倍率を示したものである。

表2-3　新規学卒者の有効求人倍率
（全国）

	中学校	高　校
1955年	1.09	0.72
1960年	1.94	1.46
1962年	2.92	2.73
1965年	3.72	3.50
1970年	5.76	7.06

「労働統計」各年

これによると、1955年の有効求人倍率は、中学校で1.09、高校で0.72であった。高校卒業者の0.72という数字は、1955年3月卒業予定で、かつ就職を希望していた高校3年生が100人いたら、その100人に対して求人が72人分しかこなかったということを意味する。それが1962年になると、中学校2.92、高校2.73に上昇する。中

学校卒業者の 2.92 という数字は、1962 年 3 月卒業予定で、かつ就職を希望していた中学 3 年生が 100 人いたら、その 100 人に対して求人が 292 人分もきたということである。この表で、どうして 1962 年の数字を示したかというと、中学卒業者が「金の卵」だと言われ始めたのが 1962 年であったからだ。そして、有効求人倍率は、それ以降も上昇をつづけた。

いうまでもないが、部落も高度経済成長による大きな社会変動と無縁であったわけではない。就労についていえば、高度経済成長期の若年労働力不足の顕在化のなかで、部落の新規学卒者が比較的安定した仕事を獲得するようになったのである。

安定化する若年層の就労

表 2-4 は、大阪府同和問題研究会が 1960 年に大阪市東住吉区矢田で実施した調査の結果から、従業の地位別就業者構成比を年齢別に示したものである。これによれば、男性就業者に占める行商従事者の割合は、55 歳以上で

表2-4 従業上の地位別就業者構成比
（男性・年齢別、矢田1960年）　　　　　(%)

	総数（人）	自営業従事者			被雇用者	その他
		農業	行商	その他		
15〜24歳	75	2.7	6.7	9.3	76.0	5.3
25〜34	92	2.2	37.0	14.1	34.8	12.0
35〜44	70	-	45.7	22.9	28.6	2.9
45〜54	60	5.0	55.0	25.0	13.3	1.7
55歳以上	30	3.3	36.7	43.3	13.3	3.3

36.7%、45〜54 歳 55.0%、35〜44 歳 45.7%、25〜34 歳 37.0% と、25 歳以上の各年齢層で非常に高い数字を示しているが、15〜24 歳では行商従事者の割合が 6.7% に低下している。そして、男性就業者に占める被雇用者の割合は、25〜34 歳の 34.8% に対して、15〜24 歳では 76.0% となっている。1950 年代後半の時期から部落の若年層において行商離れと被雇用者化が進行しているのである。これを可能にしたのは、高度経済成長期の若年労働力不足であり、それによって行商などの雑業以外の仕事に就く機会が部落の若年層にも増大したのである。

また、同じく大阪府同和問題研究会が 1964〜65 年にかけて東大阪市（当時は布施市）の蛇草を対象として実施した調査の結果から中学卒業者の進路をみると、1965 年 3 月に布施市立第三中学校を卒業した蛇草の生徒は、男女合わせて 70 人、うち高校進学者 38 人（高校進学率 54.3%）であった（1965 年の大阪府全体の高校進学率は 76.5%）。進学しなかった卒業生では、家事手伝いが男子 3 人、女子 6 人で、就職したものは男子 14 人、女子 9 人となる。これら 23 人の就職先をみると、男子では、積水化学、日本商事、女子では、森下仁丹、武田製薬、日本商事、コクヨといった大企業がそれぞれ 1 名ずつあがっている。それに加えて、これらの企業以外にも、従業員数 100 人以上の企業に男子 4 人、女子 3 人が就職している。したがって、従業員 100 人以上の企業に就職した卒業生は、男子就職者 14 人のうちの 6 人、女子就職者 9 人のうちの 7 人となる。このように、1960 年代に規模の大きな企業に就職するケースが部落の新規学卒者に目立ってきたのである。

表 2-5 は、高度経済成長が部落の就労に及ぼした影響を示したものである。

表2-5　職業別就業者構成比（男性、1967年、1968年）　　　　（％）

		就業者総数（人）	専門的・技術的職業従事者	事務従事者	販売従事者	運輸・通信従事者	技能工、生産工程従事者および労務作業者
矢　田	20〜29歳	190	1.1	6.8	16.8	16.8	47.4
	30〜39歳	189	-	1.1	39.2	9.5	38.1
若松町	20〜29歳	121	1.7	13.2	9.9	14.0	51.2
	30〜39歳	113	0.9	9.7	18.6	6.2	60.2
燈　油	20〜29歳	248	1.2	9.7	41.5	13.3	30.2
	30〜39歳	245	1.6	2.0	65.3	5.7	20.0

大阪市立大学文学部社会学調査室「同和地区実態調査」

この表では、20歳代と30歳代の男性就業者の職業構成を比較しているが、調査の実施年が1967年、68年なので、20歳代の就業者は、その全員が高度経済成長が始まってから新規学卒で就職したという年齢層となる。それに対して、30歳代の就業者のほとんどは、学校卒業が1955年以前となり、高度経済成長が始まる前に新規学卒で就職した年齢層である。それゆえ、20歳代と30歳代を比較することで、高度経済成長が部落の就労に与えた影響の大きさをみることができる。

　この表によると、3部落とも20歳代で販売従事者が大幅に減少していることがわかる（寝屋川市の燈油では販売従事者が大幅に減ったといっても、まだ20歳代で41.5％もあるが、当時の燈油は全世帯の6割強が廃品回収業を営むというほど、廃品回収のムラであったため、20歳代でも販売従事者割合が高い水準を示しているのである）。そして、20歳代の事務従事者と運輸・通信従事者が多くなっている。とくに事務従事者の構成比は矢田で30歳代の6倍、燈油でも30歳代の5倍近い大きさである。つまり、高度経済成長期における若年層に対する労働需要の増大が、20歳代の行商離れを加速させ、事務従事者や運輸・通信従事者の増加をもたらしたのであろう。しかし、矢田と燈油では20歳代で技能工、生産工程従事者および労務作業者が増えているのに、富田林市の若松町では減少している。これは当時の富田林市がすだれ製造業の盛んな地で、部落外のすだれ業者に雇われる部落民が従来から非常に多く、高度経済成長期にすだれ製造業離れが起こったのであろう。このように、高度経済成長期に若年層を中心として就労の安定化が大きく進んだのである。

就労の安定化傾向

部落の就業者の職業については、いわゆるホワイトカラー層が少なく、ブルーカラー層が多いと、従来からいわれてきた。表2-6は1990年に実施された大阪府の調査（「同和対策事業対象地域住民生活実態調査」）から、男性就業者に占める事務従事者と技能工、採掘・製造・建設作業者および労務作業者（以下、「技能工等」という）の構成比を年齢別に示したものである。

　これによると、男性就業者の総数では、大阪

表2-6　職業別就業者構成比（大阪府・男性）　（％）

	事務従事者		技能工、採掘・製造・建設作業者および労務作業者	
	同和地区	大阪府	同和地区	大阪府
総　数	9.2	12.2	44.0	37.3
20〜24歳	12.4	11.9	41.7	41.8
25〜29歳	15.4	14.0	37.7	31.6
30〜34歳	14.3	14.0	36.0	30.4
35〜39歳	14.1	13.8	37.9	34.4
40〜44歳	7.7	12.9	45.6	36.2
45〜49歳	5.3	11.6	49.0	39.8
50〜54歳	3.8	10.8	53.2	41.7
55〜59歳	4.5	11.0	52.7	41.9

大阪府は「国勢調査」1990年

府全体に比べて、たしかに事務従事者が少なく、技能工等が多いことがわかる。しかし、年齢別にみると、事務従事者の構成比は中高年層で府全体との格差が大きいものの、40歳未満になると、格差はみられず、25〜29歳では部落のほうが事務従事者の構成比が高くなっている。また、技能工等についても、40歳以上の年齢層では、その構成比が府全体を10ポイント前後も上回っているが、40歳未満になると、まだ府全体よりも大きいものの、その格差は小さくなり、20〜24歳では、ほぼ同じ大きさとなっている。すなわち、従来から指摘されてきた、ホワイトカラー層が少なく、ブルーカラー層が多いという部落の職業構成上の特徴は、主として中高年層にみられる傾向となっているのである（ここで男性就業者だけをみたのは、女性の場合、結婚・出産・育児のためにいったん退職することが多く、また、育児から手が離れる年齢に再就職することも多い。そのため、年齢別の比較から就労状態の変化を考察しようとするとき、女性就業者ではその変化を正確に把握できないからである）。

　表2-6にみられる、部落の中高年層と若年層とのあいだの構成比の大きな差は、部落の職業構成が大きく変化してきたことを示すものにほかならない。こうした年齢層による大きな差は、職業構成の他に、産業構成、勤め先の従業員数規模、雇用形態（常雇の割合）、最終学歴などにもみられ、程度の差はあれ、年齢層が若くなるほど、全体（平均）との格差が縮小する傾向が明確なかたちであらわれている。

4　1990年代以降の新たな問題の顕在化

就労の安定化傾向の鈍化

　すでにみてきたように、1960年から1990年にかけての部落実態調査では、年齢が若くなるほど、就業状態が安定化するという傾向が顕著にみられるようになってきた。しかし、1993年の総務庁の調査では、こうした安定化傾向の鈍化がみられるのである。

　表2-7は1985年と1993年の総務庁の調査結果から、男性就業者に占める事務従事者と技能工などの構成比を年齢別に示したものである。

　これによると、1985年では事務従事者は50〜54歳から25〜29歳にかけて、技能工等は45〜49歳から25〜29歳にかけて、それぞれ年齢が若くなるほど、その構成比は事務従事者では上昇し、技能工等では低下している。ただし、20〜24歳では25〜29歳に比べて、事務従事者が5ポイントほども少なく、技能工等が5ポイントほど多い。これは20〜24歳という年齢層が大学在学者の年齢に重なり、20〜24歳で最終学歴が大卒という就業者は23歳と24歳にしか出てこない。そのため、20〜24歳の就業者の状態には主として高校・短大卒業者の傾

表2-7　職業別就業者構成比（全国・男性）　　（%）

	事務従事者		技能工、採掘・製造・建設作業者および労務作業者	
	1985年	1993年	1985年	1993年
20〜24歳	9.0	9.7	37.1	41.1
25〜29歳	14.2	10.5	31.8	37.9
30〜34歳	12.1	10.5	33.0	35.2
35〜39歳	7.3	10.8	38.2	34.2
40〜44歳	4.6	8.6	38.8	37.3
45〜49歳	4.3	5.9	43.5	39.7
50〜54歳	3.4	4.3	42.7	44.1
55〜59歳	4.1	3.1	37.2	46.7

表2-8　職業別就業者構成比（大阪府・男性）（％）

	事務従事者		技能工、採掘・製造・建設作業者および労務作業者	
	1990年	2000年	1990年	2000年
20〜24歳	12.4	11.3	41.7	36.8
25〜29歳	15.4	13.8	37.7	40.4
30〜34歳	14.3	11.9	36.0	42.4
35〜39歳	14.1	9.7	37.9	37.3
40〜44歳	7.7	15.5	45.6	32.6
45〜49歳	5.3	23.6	49.0	35.4
50〜54歳	3.8	10.7	53.2	37.3
55〜59歳	4.5	8.2	52.7	45.5

表2-9　月給の割合（大阪府・男性）（％）

	1990年	2000年
20〜24歳	70.6	58.6
25〜29歳	78.8	74.7
30〜34歳	85.0	71.4
35〜39歳	81.8	71.6
40〜44歳	75.1	82.2
45〜49歳	70.9	82.4
50〜54歳	66.1	69.1
55〜59歳	63.3	67.9

向が強く反映されるからである。

ともあれ、1985年時点では、年齢が若くなるほどホワイトカラー層が増加し、ブルーカラー層が減少するという傾向が明確なかたちでみられたのに対し、1993年になると、事務従事者の構成比がもっとも高いのは35〜39歳で、この年齢層から25〜29歳にかけて、年齢が若くなっても事務従事者の構成比はほぼ横ばい状態となっている。そして、技能工等についても、その構成比がもっとも低いのは35〜39歳で、ここから年齢が若くなるにしたがって、技能工等の構成比は上昇している。すなわち、年齢が若くなってもホワイトカラー層は増加せず、逆にブルーカラー層は増加しているのである。

こうした傾向は、2000年の大阪府の調査（「同和問題の解決に向けた実態等調査」）でより顕著にみられる。

表2-8は1990年と2000年の調査結果を比較したものであるが、1990年については表2-6でみたように、年齢が若くなるにしたがってホワイトカラー層が増え、ブルーカラー層が減少しているが、2000年になると、事務従事者の割合は55〜59歳から年齢が若くなるほど増えてはいるが、45〜49歳がピークで、それよりも年齢が若くなると、事務従事者の割合が大幅に減少しているのである。技能工等についても、55〜59歳から40〜44歳にかけては、その割合が低下しているが、30歳代や20歳代になると、技能工等の割合が増加している。

こうした傾向は職業だけではなく、表2-9に示した給与形態が月給である被雇用者の割合についてもいえる。1990年は、55〜59歳から30〜35歳にかけて、年齢が若くなるほど月給の割合は上昇しているが、2000年は月給の割合が上昇しているのは55〜59歳から40歳代までで、30歳代、20歳代では40歳代に比べて月給の割合が低下しているのである。

経済的安定層の流出

こうした傾向をもたらしているのは、1990年代から顕著となってきた部落からの経済的安定層の大量流出である。どうして部落から経済的安定層が大量に流出するようになったのか、それには主としてつぎの2つの要因が関わっている。

第1には、部落が一般的傾向に近づいてきたという点である。

「国勢調査」（1990年）によると、30〜34歳の男性のうち、5年前と現住所が異なるものの割合は、最終学歴が義務教育卒で37.6％、高校卒43.0％、大学卒以上59.1％と、最終学歴が高いほど、その移動も激しいことがわかる。また、30〜34歳の男性就業者のう

ち、5年前と現住所が異なるもの
の割合は、専門的・技術的職業従
事者（教員、医師、看護師、保育士、
公認会計士など、大学卒業程度の学歴
を前提とした資格を必要とする職業が
多くを占める）60.4％、事務従事者
51.8％、技能工等41.8％となって

表2-10　大学在学者・大学卒業者の占める割合（京都市）　　（%）

		1970年	1977年	1984年	1991年	2001年
男性	20～24歳	10.2	25.3	23.1	14.8	28.1
	25～29歳	5.8	10.7	19.3	16.9	13.0
	30～34歳	2.2	5.1	12.1	21.8	11.3
	35～39歳	3.0	2.1	6.8	15.9	9.9
女性	20～24歳	1.4	7.1	5.9	9.2	13.9
	25～29歳	0.5	2.0	5.1	6.5	5.1
	30～34歳	0.8	1.7	3.6	7.7	5.4
	35～39歳	0.4	0.7	1.1	6.6	5.3

おり、被雇用者では51.1％であるのに対し、自営業従事者は31.1％である（いずれも全国の数字）。部落世帯員の学歴水準の向上、自営業従事者の減少と被雇用者の増加、職業構成の多様化（ホワイトカラー層の増加）のもとで、部落世帯員の移動の頻度が高くなってきたのである。

　高学歴層ほど部落から出ていくという傾向は、京都市の同和地区生活実態調査からもみてとれる。**表2-10** は大学在学中であるか、最終学歴が大学・大学院卒である世帯員の割合を年齢別に示したものである。これによると、20～24歳の男性で1991年にいったん大学在学者・大卒者の割合が低下している理由についてはわからないが、20～24歳女性と合わせて、1970年以降、大学進学率が上昇してきていることは、この表から明らかである。しかし、25～29歳の男性では1991年以降、30歳代の男性では2001年、25歳以上の女性でも2001年、それぞれ大学在学者・大卒者の割合が低下しているのである。部落の大学進学率は一貫して上昇してきているので、大学在学者・大卒者の割合が低下しているということは、最終学歴が大卒である世帯員が部落から流出しているということであり、1990年代以降、高学歴を獲得した人たちが部落に留まらなくなってきているのである。このように、高学歴層ほど移動の頻度が高いのである。

　第2にあげられるのは、とくに都市部落においてみられる、公営住宅の建設による住環境整備の問題である。

　世帯数が多く、かつ不良住宅率の高かった都市部落では、同和対策事業によって、不良住宅を除去し、そこに改良住宅（同和対策事業の住宅地区改良事業によって建設される公営住宅）を建設するかたちで、住環境整備が進められた（これに対して、農村部の部落では、主として持ち家の改修や新築によって住環境整備が図られた）。その結果、京阪神地域の都市部落のなかには、そこに住む大半の世帯が公営住宅に居住するという部落がいくつもみられる。ここで問題なのは、この公営住宅の性格である。

　公営住宅は住宅に困っている世帯に低家賃住宅を供給し、そこに入居した世帯は、居住している間に資金を蓄え、より広い住宅へと移っていくという、より広い住宅へ移るためのステップとして位置づけられた住宅である。したがって、公営住宅は広くなくていいのである。もし、公営住宅が広くて、家族が増えても住み続けることができるなら、つぎに入居したいという希望者が入ることができないので、公営住宅は狭くていいのである。大

阪大学の建築学の教授だった上田篤さんは、人の一生と住宅の関係を示した「住宅双六」を作成した。ふりだし（スタート）が学卒で、最初にくるのが独身寮やアパート、そしてつぎが結婚して公営住宅、そして、子どもが生まれ、成長すると、より広い賃貸住宅に移っていき、あがりの持ち家へと進むという双六である。このように、公営住宅は人の一生の早い段階に位置づく住宅であり、その面積は狭いのである。

　同和対策事業によって部落に改良住宅（公営住宅）が建設され始めた1960年当時の公営住宅の広さは28平米であった（1960年当時は、同和対策事業特別措置法制定前であるが、1960年から厚生省のモデル地区事業として改良住宅の建設が始まった）。28平米というと、4畳半が2部屋と2畳程度の台所、トイレがあって風呂なしという広さである。しかし、1960年当時にあっては、28平米という広さの公営住宅に対して不満をもつ世帯は少なかった。というのは、その当時の部落の住環境はとても劣悪だったからである。当時の都市部落では持ち家世帯は少なく、棟割長屋に住む世帯が多く、バラックに住む世帯も少なくなかった。1957年に実施された大阪市の部落実態調査の報告書に、大阪市東淀川区の部落で畳4枚分ほどの広さのバラックに家族5人で生活している様子が写真で紹介されている。そうした状態にあった部落の世帯にとっては、28平米の公営住宅でも広くて、快適であったのだ。

　だが、1960年代以降、若年層を中心に就労状態が安定化し、収入が増えてくると、家具や電化製品などが増え、公営住宅が手狭に感じるようになってくる。また、子ども部屋やリビングルームがあったほうがいいという、住宅に対する新たな要望も出てくる。つまり、公営住宅の狭さに不満をもつ世帯が増加してきたのである。しかし、多くの都市部落では住宅の大半を公営住宅が占め、部落内に持ち家を建てるだけの土地もなく、より広い住宅に住みたければ、部落から出ていくしかない。そのため、部落の公営住宅の狭さに不満をもち、部落外により広い住宅を求めることができる、経済的に安定した世帯が部落から流出しているのである。たとえば、子どもが小学校の高学年となったので、子ども部屋をもたせたいと考えている30歳代の夫婦とその子どもからなる核家族世帯が多く流出している。

　部落に建設される公営住宅は徐々に広くなり、1990年代には60平米台の公営住宅が建てられるようになったが、住環境整備に早く取り組んだ部落ほど、30平米台の公営住宅が多く、その狭さに不満をもつ世帯が多いのである。

救貧事業としての同和対策事業

　最低限の生活水準を保障するという救貧事業としての性格が強い同和対策事業による住環境整備が貧しい世帯にとっては住みやすいが、豊かになってきた世帯には住みにくい「まち」をつくってしまったのである。多様な世帯が一緒に住むことができる「まちづくり」にはならなかったのである。そのため、経済的安定層の部落からの流出がつづいてい

るのであり、とくに 1990 年代以降、こうした傾向が強まってきているのである。そして、20 歳代、30 歳代の経済的安定層が大量に流出したことが、この年齢層の不安定就労者の比重を押し上げ、20 歳代、30 歳代での就労の安定化傾向の鈍化を強めているのである。

2002 年の特別措置法の終了により、部落の公営住宅は一般公営住宅として応能応益家賃が導入された。応能とは能力に応じた家賃ということで、収入額に家賃がリンクする。そして、応益は広さや築年数に応じて、家賃が変わることである。そのため、公営住宅の狭さに不満があるが、家賃が安いので留まっていた世帯までが、2002 年以降に流出するようになってきている。つまり、応能応益家賃の導入が新たな掘り起こし流出をもたらしているのである。

流入人口の性格

大阪府が 2000 年に実施した「同和問題の解決に向けた実態等調査」は、大阪府内の同和地区に居住している 15 歳以上の世帯員 10,000 人を対象とし、7,805 人から有効回収を得た（有効回収率 78.1％）。現住地区（自分が現在居住している同和地区）で生まれたという人を原住者、現住地区以外で生まれたという人を来住者とすると、男性は原住者 1,929 人（52.3％）、来住者 1,744 人（47.3％）、女性は原住者 1,746 人（42.4％）、来住者 2,369 人（57.5％）であった。そして、自分を「同和地区出身者」と思うかという設問に対する回答をみると、来住者は「そう思う」26.5％、「そうは思わない」59.5％、「わからない」13.3％、「不明」0.7％、原住者は「そう思う」75.6％、「そうは思わない」14.3％、「わからない」9.6％、「不明」0.5％であった。

部落に流入してきた来住者がどういう人たちなのか、原住者と比較することでみていきたい。

まず、最終学歴を示したのが **表 2-11** である（最終学歴については、男女別のデータは示されていない）。これによると、不就学については大きな差はみられないが、小・中学校の割合は来住者が原住者を 6 ポイント上回り、短大・高専の割合は原住者のほうが 2.7 ポイント、大学・大学院の割合は原住者のほうが 1.4 ポイント、それぞれ来住者を上回っている。

表2-11　最終学歴　　　　（%）

	原住者	来住者
総数（人）	3,338	4,029
不就学	5.1	4.6
小・中学校	46.3	52.3
高校・旧中	33.0	31.8
短大・高専	9.3	6.6
大学・大学院	4.8	3.4
不　明	1.4	1.3

就業者について、勤め先の従業員数規模をみると（表 2-12）、男女とも 30 人未満は来住者のほうが多く、1,000 人以上は原住者のほうがやや多くなっている。そして、官公の割合は原住者のほうが男性で 9.7 ポイント、女性で 3.6 ポイント、それぞれ来住者を上回っている。

被雇用者の給与形態についてみると（表

表2-12　勤め先の規模（就業者）　　　（%）

	男性		女性	
	原住者	来住者	原住者	来住者
総数（人）	1,260	1,101	789	972
30人未満	52.1	57.3	46.4	53.2
30〜99人	10.2	12.4	15.1	15.1
100〜299人	6.3	7.4	10.0	8.4
300〜999人	5.2	5.8	5.7	5.6
1,000人以上	6.3	5.6	7.4	5.9
官公庁	19.0	9.3	13.3	9.7
不明	1.0	2.1	2.2	2.2

表2-13 給与形態(被雇用者) （％）

	男性		女性	
	原住者	来住者	原住者	来住者
総数(人)	984	862	700	771
月給	69.2	59.3	55.4	46.7
日給月給	14.9	21.1	9.6	12.8
日給	6.2	11.0	3.9	5.6
時間給	6.3	4.9	28.6	32.0
その他	3.0	3.6	2.3	2.6
不明	0.3	0.1	0.3	0.3

表2-14 年間収入(就業者) （％）

	男性		女性	
	原住者	来住者	原住者	来住者
総数(人)	1,273	1,116	802	992
200万円未満	24.3	26.1	59.7	65.6
200〜400	34.7	35.9	23.4	18.2
400〜700	24.7	26.1	10.9	11.2
700〜1,000	10.1	7.1	3.4	2.6
1,000万円以上	3.0	2.0	0.1	0.1
不明	3.1	2.9	2.4	2.2

表2-15 職業(就業者) （％）

	男性		女性	
	原住者	来住者	原住者	来住者
就業者総数(人)	1,273	1,116	802	992
専門的・技術的職業従事者	7.5	6.6	11.8	9.7
管理的職業従事者	5.4	4.6	1.0	1.5
事務従事者	11.9	10.0	25.7	15.6
販売従事者	13.4	10.6	17.6	18.9
サービス職業従事者	7.4	7.5	21.7	24.2
保安職業従事者	2.1	2.8	-	0.2
農林漁業作業者	1.4	0.8	0.4	0.4
運輸・通信従事者	9.4	13.1	0.9	0.3
技能工、採掘・製造・建設作業者および労務作業者	37.7	41.1	15.6	25.0
不明	3.8	2.9	5.4	4.2

2-13）、男女とも月給は原住者のほうに多く、日給月給や日給といった不安定な給与形態は来住者のほうに多い。

就業者の年間収入については（表2-14）、男女とも200万円未満は来住者のほうに多く、700〜1,000万円は原住者のほうに多い。

就業者の職業についてみると（表2-15）、男女とも事務従事者は原住者に多く、技能工等は来住者に多い。とくにこの傾向は女性に顕著である。また、専門的・技術的職業従事者も男女とも原住者のほうがやや多くなっている。

部落については、これまでつぎのようなことが特徴として指摘されてきた。すなわち、部落の最終学歴は低く、勤め先の従業員数規模は零細で、給与形態は月給以外の不安定な形態が多く、年間収入は低い。そして、ホワイトカラー層が少なく、ブルーカラー層が多い。しかし現在は、部落についてこれまで指摘されてきた特徴をより色濃くもつ人たちが部落に流入してきているのである。

では、どうして不安定層が部落に入ってくるのであろうか。それは部落の公営住宅がその受け皿になっているからである。すなわち、都市部落における公営住宅の建設を中心とした住環境整備が経済的安定層を部落から押し出すとともに、不安定層を招き入れているのである。こうした新たな不安定化が近年の都市部落で顕在化してきているのである。

5 差別事象の現状

増え続ける部落外出身者との結婚

部落に対する誤解や偏見はいまだ根強く存在し、それらが部落や部落民への忌避につながることが少なくない。しかし、その一方で、「生まれ」という本人の責任でない事柄を根拠として、その当人に責めを負わせることは不当であると考える人たちも増えてきている。すなわち、部落民に対して強い差別的意識をもつ人もいれば、そうした差別的意識を

一切もたない人もいるというように、人権意識のありようは多様になってきているのである。

　部落出身者と部落外出身者との結婚についても、部落外出身者の家族がその結婚に強く反対するという事例が依然としてみられる。しかし、反対の声があがらず、周囲から祝福されて結婚するという事例も増えてきている。人権意識のありようと同様、部落外出身者との結婚のありようも多様になってきているのである。

　図2-1 は、総務庁の 1993 年調査から同和地区に居住する夫婦について、その出身地の組み合わせ（「夫婦とも部落の出身」「夫婦のいずれか一方が部落外の出身」）を夫の年齢別に示したものである。

　これによると、夫の年齢が若くなるほど、「夫婦とも部落」が少なくなり、「いずれかが部落外」が多くなっていることがわかる。夫の年齢が若いほど、結婚時期も最近であると考えられるので、最近になるほど部落外出身者との結婚が増加しているのである。

　表2-16 は、大阪府の 2000 年調査から同和地区に居住する夫婦の婚姻類型をみたものである。この調査は他の行政が行ってきた部落実態調査と同様、同和地区に居住する同和関係人口・世帯（同和対策事業の個人施策の対象となる部落出身の人口・世帯）を対象として実施されたものであるから、「夫婦とも地区外出身」は出てこないはずである。しかし、**表2-16** にみられるように、総数で 25.4％が「夫婦とも地区外出身」と答えている。これは一定期間、部落に住むなかで何らかの不利益を受けたり、困難をかかえるに至った人たちや、部落に居住して部落解放運動に関わるようになった人たちが同和関係人口・世帯とみなされ、調査対象となっていると考えられる。結婚に関するデータに「夫婦とも部落外の出身」があがることは、大阪府の調査に限らず、総務庁の調査でも、大阪府以外の自治体

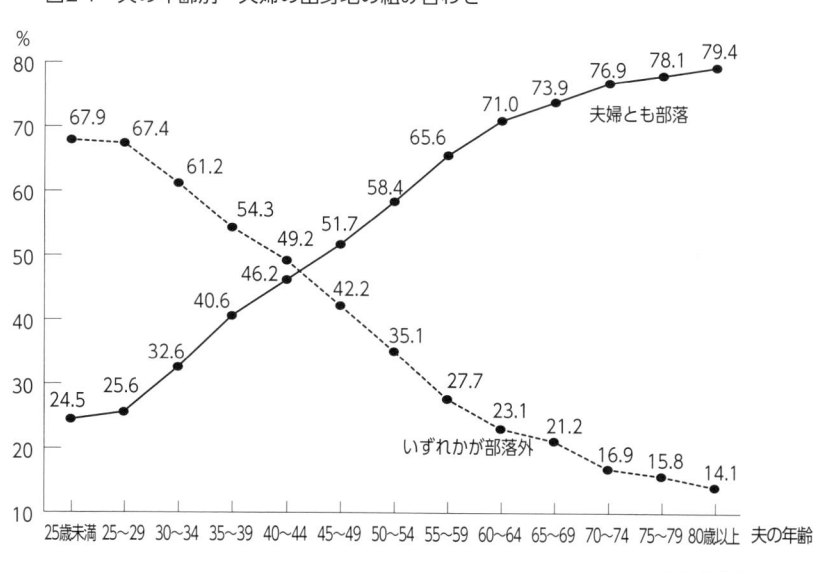

図2-1　夫の年齢別　夫婦の出身地の組み合わせ

総務庁調査 1993 年

表2-16　結婚している人の認知による婚姻類型　　（%）

	総数 （人）	夫婦とも 同和地区 出身	一方が 同和地区 出身	夫婦とも 地区外 出身	その他 不　明
総　数	4,256	26.2	35.1	25.4	13.3
1950年以前	302	46.4	19.9	20.9	12.9
1951～1960年	637	38.6	23.4	27.0	11.0
1961～1970年	987	28.3	29.4	28.1	14.3
1971～1980年	775	25.5	35.5	26.8	12.1
1981～1990年	757	18.8	43.7	23.5	14.0
1991年以降	705	12.2	51.8	22.1	13.9

大阪府「同和問題の解決に向けた実態等調査・生活実態調査」2000年

の調査でもみられることである。

　表2-16をみると、総務庁の調査と同様、結婚した時期が最近になるほど、「夫婦とも同和地区出身」が減少し、「一方が同和地区出身」が増加している。つまり、部落外出身者との結婚が増えてきているのである。

なぜ部落外出身者との結婚が増えているのか

　こうした部落外出身者との結婚の増加には、以下の4つの要因が関わっているものと考えられる。

　まず第1に、部落における仕事の変化が人と知り合う範囲を広げたという点である。すでに述べたように、1960年ごろまでの部落では自営業従事者が非常に多く、被雇用者は少なかった。しかし、若年層への労働需要が高まるにつれ、部落の若年層を中心に就労が安定化し、従業員数規模の大きな企業に就職する人たちが増えてきた。自営業従事者や零細企業の被雇用者に比べ、大企業の被雇用者は職場でさまざまな地域の出身者と出会う機会が多くなる。こうした人と知り合う範囲が格段と広がったことが部落外出身者との結婚が増加する背景となっているのだ。同じことは、大学進学率の上昇についても指摘できる。高校までとは異なり、大学に進学すると、遠隔地の出身者との出会いも増え、人と知り合う範囲は広がるのである。

　第2に、結婚はその当事者2人の意向が尊重されるべきだという見方が曲がりなりにも広がってきたことである。以前は結婚にあたっては双方の家と家との関係を重視する人たちが多かったが、近年は結婚を当事者2人の問題であると考える人たちが増えてきている。また、相手方の親はその結婚に賛成してはいないが、2人が決めて納得している以上、反対しても子どもの意思は変わらないと、半ば諦めて反対しないという消極的な賛成という態度を親がとるというケースも少なくない。

　第3に、親戚関係の変化である。きょうだいの数の減少に伴い、親戚の数は減少傾向にある。そして、近くに住む親戚もおらず、普段の付き合いもないなど、密な親戚関係も少なくなった。そのため、結婚に際して親戚が口を出すこともあまりなくなり、部落出身者との結婚が親戚に迷惑をかけることになるという理由での反対が親から出ることも少なくなったのである。

　第4に、家族などからの反対のありようも変化してきたという点があげられる。

　表2-17は、1990年の大阪府の調査結果から部落外出身者と結婚した夫婦で、結婚話が出たときの反対の有無を結婚時期別にみたものである。これによると、1985年以降の結婚では、反対されたという夫婦は23.4%で、反対されなかったという夫婦は74.3%と

なっている。そして、敗戦前から1975〜84年にかけて反対されたという夫婦が増えていることがわかる。1990年の調査結果でも、部落外出身者との結婚は1945年以降、着実に増えている。つまり、部落外出身者との結婚が増える一方で、反対されたという夫婦の割合も増えているのである。

表2-18は、2000年の大阪府の調査結果から、結婚に際して差別を受けた経験がある世帯員の割合を示したものである。回答者が部落出身者である場合でも部落外出身者である場合でも、20〜29歳では差別を受けたという世帯員の割合が低いものの、70歳以上から30歳代にかけて、年齢が若くなるにしたがっ

表2-17　結婚話のときの被差別体験（結婚時期別・一方が同和地区外出身の夫婦） (%)

	総数（組）	反対された	反対されなかった	不明
敗戦前	123	17.1	81.3	1.6
敗戦〜1954年	500	24.6	72.0	3.4
1955〜1964年	1,402	27.8	70.3	1.9
1965〜1974年	2,029	28.9	68.7	2.5
1975〜1984年	2,042	30.4	67.4	2.2
1985年以降	1,088	23.4	74.3	2.3

大阪府「同和対策事業対象地域住民生活実態調査」1990年

表2-18　結婚に際して差別を受けたことがある（年齢別・夫婦の組み合わせ） (%)

	自分は部落相手は部落外	相手は部落自分は部落外	一方が部落外出身の夫婦
20〜29歳	18.1	30.7	24.0
30〜39歳	27.1	35.7	30.7
40〜49歳	23.9	32.2	27.5
50〜59歳	15.9	25.9	20.4
60〜69歳	19.9	24.3	21.9
70歳以上	12.8	12.2	12.6

大阪府「同和地区内意識調査」2000年

て、差別を受けたと回答した世帯員が増加しているのである。このように、部落外出身者との結婚が増えている一方で、差別を受けたという割合も増えているのである。差別や反対が少なくなってきたから部落外出身者との結婚が増加しているというわけではないのである。

すなわち、近年になるほど、相手方の家族からの反対があってもゴールインするという夫婦が増えてきたということである。以前なら結婚に際して相手方の家族・親戚みんなが反対するということも少なくなかったが、近年は反対の声があがっても、家族や親戚のなかでその結婚に賛成し、当事者2人の力になろうとする人が出てくるようになったのである。たとえば、父親は結婚に反対しているが、母親やきょうだいは賛成していて、父親を説得しているというようなケースが多くみられるようになってきた。

ただ、結婚に反対する家族がいてもゴールインするケースが増えたといっても、相手方の家族のなかに結婚に反対する人がいたということは、「しこり」として残ってしまう。また、部落外出身者にしても、自分にはこの人しかいないと決めた相手を親から否定されることは、とてもつらいことである。やはり周りのみんなから祝福されて結婚することに越したことはないのであり、部落外出身者との結婚が着実に増えているといっても、問題が解決したわけではないのである。

就職差別の現状

結婚差別が依然としてみられるものの、部落外出身者との結婚のありようは大きく変化してきた。それに対し、就職についての変化はさらに大きいといえる。

1975年に発覚した部落地名総鑑事件（全国の部落の名称や所在地、世帯数、主たる職業など

が記載された書籍が販売され、200社を超える企業がそれを購入していた）の反省から、1978年に大阪同和問題企業連絡会（現在は、大阪同和・人権問題企業連絡会）、1979年には東京同和問題企業連絡会（現在は、東京人権啓発企業連絡会）がそれぞれ結成されたのをはじめとして、現在では全国13の都道府県に同和問題企業連絡会があり、全国組織である同和問題に取り組む全国企業連絡会も結成されている。これらの組織には、日本の大手企業の大半が参加しており、部落問題をはじめとする人権問題に関する企業内研修や公正採用の徹底に努めている。また、1977年には労働省が従業員100人以上の事業所に企業内同和問題研修推進員の設置を指導した（1997年には、公正採用選考人権啓発推進員制度に名称を変更）。

このように、同和問題をはじめとする人権問題に取り組む企業が増え、公正採用選考や企業内人権研修に関する諸制度が整備されるなかで、公正採用選考は企業の社会的責任であるという認識が広がり、深まっていった。現在では、採用時の面接で、親の職業や家族構成などに関する質問は違反質問であるということが常識化している。本人の能力や意欲などとは関係のない事柄に関する質問は、全て違反質問なのである。したがって、新入社員を定期採用するような規模の企業では、部落出身であることを理由に採用しないというようなことは現在では皆無といってよい。

個人経営の事業所の経営主が部落に対して強い偏見をもち部落出身者を採用しなかったり、職場で同僚による、部落への誤解・偏見に根差した発言が繰り返され、周囲の同僚がその発言に同調するようなことがあり、部落出身者にとって敵対的で不快な職場環境となっている事例など、就労に関して問題はなくなったわけではないが、採用に関してはほとんど問題が解消しているといってよい。

増加する顔の見えない差別事象

結婚差別や就職差別においては、部落民を忌避し、排除しようとする人たちの顔が見えるが、近年、行為者の顔が見えない差別事象が目立ってきている。それは、1980年代に入って顕在化してきた差別落書きに加え、1990年代末以降のインターネット上の差別的な書き込みである。最近では、部落のなかを徒歩や自動車で巡り、その様子を撮影した動画や、部落の地名・所在地などがインターネット上で流されるといった、部落を暴く事象が続いている。また、行政書士などによる戸籍謄本などの不正取得なども、顔の見えない差別事象といえる。

こうした顔の見えない差別事象に対しては、その不当性を見抜き、人権侵害を許さないという世論の形成が重要であり、そのことが顔の見えない差別事象に与することなく、それを模倣する動きを止めることにつながるといえる。こうした世論の形成のためには、部落問題の理解を深める教育・啓発が大きな役割を果たす。すなわち、同和教育に取り組む意義は依然として大きいのである。

「変化」と「いま」を教える教育

　高度経済成長とそれに続く同和対策事業の本格的実施のなかで、部落は大きく変化した。それとともに、部落差別のありようも変化してきている。こうした変化を児童・生徒に伝え、いま現在、どういう問題が解決され、何が課題として残されているのか、こうした「変化」と「いま」を教える教育が大事であるといえる。

　これまでの同和教育では、部落問題を学ぶことの意義と部落問題解決の重要さを児童・生徒に伝えるために、部落差別の厳しさを強調してきたきらいがある（これは行政による啓発も同じで、部落問題に関する特別措置法があった時代は、同和対策事業を推し進めるために、部落差別の厳しさを市民に強調する傾向がみられた）。そして、現代社会に生きる人々を差別者と被差別者に分け、前者が反省し、学習することによって部落問題が解決するかのように児童・生徒に教えてきた同和教育もあったといえる。しかし、すでに述べたように、部落出身者の結婚のありようも大きく変化し、結婚に反対する声もなく、結婚相手である部落外出身者の家族や親戚を含め、周囲から祝福されて結婚するというケースも多くなってきている。そして、部落外出身者にしても、その全てが差別者であるわけでもなく、部落差別を不当だと考え、それをなくす取り組みに関わる人も増えてきている。また、部落外出身者との結婚について述べたように、結婚に反対する声があっても結婚相手である部落外出身者の家族や親戚のなかに、その結婚に賛成し、2人が結婚できるように力になろうとする人たちがいるのである。現在も生起する結婚差別事象だけを取り上げてみると、数十年前と変わらないような厳しい差別の実態が浮かび上がるが、現在の部落出身者の結婚全体をみると、非常に大きな変化が生じているのであり、その点を見逃してはならないのである。

　杉田玄白の『蘭学事始』の腑分けの場面で、腑分けを行った穢多の虎松の祖父について、「健やかなる老者なりき」とする記述には、穢多に対する忌避意識は何ら感じられない。そして、近代以降、部落に対する忌避意識をもたない人が徐々に増えていったのである。いまだ部落・部落民に対して強い偏見をもち、それを忌避しようという人は数多くいるものの、そうした偏見や忌避意識から自由な人たちも数多くいるのである。

　したがって、被差別者・差別者という二項対立の図式にとらわれずに部落問題を語り、大きく変容してきた、いま現在の部落差別のありようをとらえ、伝えること、このことがこれからの同和教育にとって大事なのである。

コラム③ 結婚差別──私の場合

部落差別は、就職や結婚という人生の転機に現れるといわれています。以前は、お見合い結婚が多かったようですが、いまは、めぐり合った2人が恋愛して結婚へすすむことが多い時代です。もしかしたら身元調査はいまの方が厳しいかもしれません。めぐり合えた2人の一方が部落に生まれたということだけで反対され、結婚が阻まれることはとても不幸なことです。

周囲を見ても、父母の世代は部落出身者同士の結婚が多いように思いますが、私の世代では、部落出身者とそうでない人のカップルの方が多いと思います。このような状況を考えると、結婚差別は解消しつつあるように思いますが、100組の夫婦がいれば100の物語があります。祝福されて結婚した夫婦もいれば、私のように反対されながらも乗り越え結婚した夫婦もいます。私は、後者の方が多いのではないかと思います。また、差別を受け破談してしまったカップルもいると思います。

部落出身者と部落外出身者の夫婦の数が増えたから、結婚差別が解消されてきたというほど簡単な問題ではありません。しかし、多くのカップルがさまざまな困難や反対を乗り越え夫婦となっているということも事実です。私が差別事象として学んだ結婚差別は、時には人の命を奪う厳しいものでした。もちろん当事者にとって差別の厳しさはいまも昔も変わりません。結婚差別の話をするときにはなかなか「成功例」が語られません。100組の夫婦の100の物語から学んでいくことが結婚差別の解消につながっていくと思います。

私は、解放学級で「差別に負けない『力』をつける」ことを学びました。「差別に負けない」と友だちと誓いあって解放学級を卒業した私ですが、高校・大学と進むなかで出身を隠すようになっていました。差別的な発言が聞こえてきても、反論もできずビクビクするだけでした。部落差別を目の前にしても何も言えない自分の弱さと差別の怖さ、ますます「部落」を避けるようになりました。

結婚したいと思う相手ができた時も、彼女に出身を伝えることができませんでした。伝えるべきか悩んでいたある日、彼女の父親から呼び出され「親戚に迷惑がかかるから」と反対されました。その時も何も言えませんでした。しかし、彼女は違いました。親戚を訪問し、私が部落出身であることを伝え、2人が結婚すると迷惑をかけるかと問いかけました。どの親戚も理解してくれました。やがて、義母が応援してくれるようになり、私も少し強くなっていけました。

結婚式には義父も来てくれ、みんなに祝福され結婚しました。反対されていたときは、本当に辛かったですが、周囲の人たちの支えが2人の大きな力となりました。

いまふりかえると、つくづく私は恵まれていると感謝の気持ちでいっぱいになります。「1人で（2人で）悩まないで」というメッセージを結婚差別に悩む人たちに伝えたいです。私の経験が少しでも役に立てば嬉しいですし、さまざまな体験談を交換できたらと思います。

〈北谷錦也〉

参考文献：齋藤直子 2014「部落出身者と結婚差別」
(http://synodos.jp/society/10900)

「差別をしない」教育ではなく、「差別をなくす」教育を

若い人たちだけではないのかもしれませんが、部落問題の話をするとよく「私は部落差別をしない」「部落差別を許さない」と言われます。学校教育や社会教育で「人権を大切に、人権の尊重される社会に」、あるいは「差別はしてはいけない」などと学ばれてきた結果であり、成果といえます。そして、そこで行われている学習・教育は「差別はしてはいけない」「差別をしない」ことを学ぶことではなかったでしょうか。本当にそれだけでいいのでしょうか。少し、考えてみましょう。

「差別をしない」というなかに、差別の現場（特に差別発言がされている）に出合ったとき、「差別をしない」は、「そのことに関わらない」も含まれていませんか。いままでに「私は、差別発言をしていない。私は、関わっていない」と傍観者になり、第三者的な対応をしたことはなかったですか。確かに現象面として、直接差別発言に賛同するような行動や発言をしてはいません。見て見ぬふり、無視をしていたのだと思います。これは「私は、一緒に差別をしない」で止まってしまっていることになりませんか。よく考えてみると、確かに差別はしていないのですが、差別を「許している」ことにならないでしょうか。「差別発言」を無視することは、差別が行われていることを認めることにつながり、その結果「差別をした」人と同じ立場に立っていることになってしまいます。

私たちは、差別をなくしたい、そして差別のない社会を望んでいます。そうすると、「差別をしない」と黙って見ているだけでは、差別はなくならないということです。なぜなら、いまここに差別が生きてい

るからです。差別をしないだけでなく、一歩進んで「差別をなくす」行動をしなければ、いまある差別はなくならないのです。

では、部落差別をなくすためには何が必要でしょう。私は多くの人から、「私は、部落差別を許しません。しません」と心強い言葉をよく聞きます。そのとき、こんなことを聞きます。「いま起こっている、部落差別事象を知っていますか」「部落、部落差別って何ですか」。すると、ほとんどの人が「よくわからない」、また「いまもまだ部落差別があるのですか」と言われます。不思議なことですね。「部落差別がよくわからない。いま、どんな差別事象が起こっているのか知らない」にもかかわらず、「部落差別は許しません。しません」と言うのです。ここには、言葉としての「部落差別」を知っていて「部落差別はいけない」ということだけ学んできた結果が表れていると思います。

「差別をしない」教育だけでは、教条的に言葉として「差別はいけない、差別をしない」と教え、学んで、事足りていると思って終わってしまわないでしょうか。

「差別をなくす」教育には、部落差別とは何か、部落とは何か、いま部落差別はどうなっているのかなどをしっかり学び行動することが大切です。私たちは、差別のない社会、すべての人の人権が尊重される社会、そして安心して安全に、心豊かに暮らせる社会をめざしています。そのためには、「差別をしない」教育でとどまるのではなくて、「差別をなくす」行動の伴う教育を一緒に取り組んでいかなければならないのです。

〈細田 勉〉

III

部落の歴史を学ぶ、部落の歴史から学ぶ

宮前千雅子

I　なぜ、部落の歴史を学ぶのか？

　過去のある歴史事象をめぐって、その解釈が激しく対立する……これはけっして珍しいことではない。それを解釈する者がいかなる歴史認識をもっているか、もっといえば、その人が現在の社会をどのように観察・評価し、さらにどのような未来を築こうとするのか、といった未来への志向までもが関係してくるからである。歴史を学ぶということは、「現在」という時間と、それを学ぶ「自分」という存在を切り離しては考えられないのである[注1]。また、歴史を学ぶということは異なった時代や地域を生きた多様な人々と出会うことでもあり、その行為は自らとは異なる他者への想像力を養い、かつ自らを相対化する力を養うことにもつながる。

　これまでも明らかにされてきたとおり、部落[注2]は近世社会において突如としてできあがったものではけっしてない。中世社会においては固定化されていない存在だった被差別民が、近世社会の統一政権によって身分制度が整備されるに伴い、被差別身分として把握された。被差別身分そのものは近代初頭に廃止されたが、その後の近代社会のなかで社会問題としての部落問題が成立していった。

　では、部落の歴史を学ぶのはなぜだろうか。

　まず、部落の歴史を学ぶことは、厳しい差別のなかを生き抜いた被差別部落の人々の生き方を知ることである。歴史の流れに翻弄されながらもときに力強く生きるその姿は、私たちに社会を生き抜く力を与えてくれるであろう。またその近くには部落の人を差別することなく接した人々の存在が浮かび上がってくることもあり、「差別しない」とは単に何もしないことではないことを、歴史を超えて学ぶことになるであろう。

　つぎに、部落の歴史を学ぶことは、差別の様相は異なるものの、中世、近世、近代、いずれの時代においても差別を可能ならしめた社会的諸条件を明らかにすることでもある。それらを解明していくことは、日本社会そのものを分析することでもある。その作業は、いまだ部落差別を克服しえていない私たちに、差別克服のための大きな鍵を与えてくれるであろう。すなわち、差別のない社会とはどのような社会であり、われわれがめざすべき社会はいかなるものなのか、それは差別のあった社会を知ることから始まるのである。

　現在、児童・生徒の部落問題との出合いやその知識もさまざまであることが予想される（本文第1部I章参照）。このような現状において部落史を学ぶことは、部落問題学習への共

通の入り口とすることも可能であろう。さらになぜ排除や差別が存在したのか想像力を
もって考えていく行為は、部落問題はもちろん他の人権課題やひいては教室内のさまざま
な課題についても視野を広げる学習でもある。本稿のタイトルを「部落の歴史を学ぶ、部
落の歴史から学ぶ」としたのも、部落の歴史を学ぶということは単なる歴史事象を学ぶに
止まらず、そこから学ぶべきことは多岐にわたるのではないかとの問題意識による。

　1990 年代半ば以降、部落史研究は大幅に進展し、つぎつぎと新たな資料集などが編ま
れた。その成果のうち、小学校や中学校、高校の教科書に反映されているものはごく一部
にすぎない。教科書のほんの数行の記述の背景に存在する歴史的事象を知ることは、教え
る側にとって大きな力となるはずである。また、いま教壇に立つ教員のほとんどは、新た
な研究成果を学ぶことなく教員となっており、最新の歴史研究の成果を学ぶことは現役教
員の喫緊の課題といえるであろう。

　以下、中世、近世、近現代と時代を分け、いくつかの項目について、歴史教科書の記述
にもとづき、その背景にある関連事象を説明していく。実際の授業で歴史事象を扱う際の
参考にしていただくとともに、現在の部落問題と関連づけるヒントにもなればと期待して
いる。

　なお、部落を指す歴史用語として、「山水河原者（せんずいかわらもの）」「かわた」「穢多」「非人」など、その
まま使用している部分がある。とくに「穢多」「非人」は差別的な意味合いで現在でも用
いられることのある語であるが、その時代の差別の状況を詳細に説明するために必要な場
合はそのまま使用した。

　また全編をつうじて参照した文献は、以下のとおりである。各項で参照したものについ
ては、それぞれ文末にまとめた。

　上杉聰『これでわかった！ 部落の歴史』解放出版社、2004

　上杉聰『これでなっとく！ 部落の歴史』解放出版社、2010

　大阪人権博物館『ビジュアル部落史』解放出版社、2010

　寺木伸明・黒川みどり『入門 被差別部落の歴史』解放出版社、2016

注
注1）歴史家のE・H・カーは、「歴史とは現在と過去との間の尽きることを知らぬ対話」と語っている（E・H・カー『歴史とは何か』岩波新書）。
注2）部落もしくは被差別部落は近代社会以降のものであり前近代には存在しない概念であるが、広く被差別民や被差別身分をも含めたものとして使用している。また、「被差別部落の人々」（たんに「部落の人々」）と表現した場合も同様である。

2　中世

　古代の賤民は、律令制の解体と荘園制への移行のなかで 10 世紀には廃止される。中世

における身分制は、古代や近世のような固定的な整った制度ではなく、複雑で多様なものであった。共同体内での人の入れ替わりなどは当然であり、また親の身分が子の身分へと引き継がれるとは限らなかった。

村と都市の自治——異質な他者への差別と排除を前提として

　村では、農民が荘園の枠をこえて団結するなど、地域を自分たちで運営する動きがありました。その代表が惣（惣村）です。村の代表を決め、寄合を開いてもめごとなどを解決したり、独自に村のおきてをつくったりしました。（中略）そうした都市の商工業者たちも、寄合を開いて町の自治を行い、町内の争いごとを解決し、幕府や守護大名などの干渉をはねのけていました。京都の町衆とよばれる富裕な商工業者たちは、自治的な都市運営を行った代表的存在です。

（『社会科 中学生の歴史』〈帝国書院、平成 27 年度、中学校〉p.77）

　古代や中世前期の集落は、家々がちらばって存在する散居性の集落であったが、鎌倉後期から畿内を中心に、「惣村」が形成されていく。「惣村」は、年貢納入や神社の祭礼などを取り決めたり、ときには警察や裁判などの役割をにない、領主に対する組織的抵抗である一揆の母体となるなど、農民たちは村の「自治」を通じて結びつきを強めていった。「惣村」で結ばれた取り決めには、「旅人置くべからず」など「旅人」や「他所の人」といった部外者を排除するよう規定しているものもあり、中世社会における「自治」は、異質な他者への差別と排除を前提とするものであったともいえるであろう。また都市においても町人による自治組織の成長がみられる。自治的な共同体組織が確立していく過程は、村人や町人などの身分が確立していく過程そのものでもあり、被差別民の身分を形成していく過程でもあった。

参考文献
『今堀日吉神社文書』日吉文書刊行会、1975
脇田晴子『室町時代』中公新書、1985

庭園づくりで活躍した河原者——「穢多」の初出と被差別民が担った文化

　この時代には龍安寺などで庭園がつくられ、天下一と賞賛された善阿弥をはじめ、庭園づくりの名手が登場しました。その名手の多くが河原者とよばれた人々でした。昔は、天変地異・死・出血・火事・犯罪など、通常の状態に変化をもたらすできごとにかかわることを「けがれ」といいました。「けがれ」をおそれる観念は、平安時代

から強まり、「けがれ」を清める力をもつ人々が必要とされていきました。しかし一方では、清める力をもつ者は異質な存在として、差別を受けるようにもなりました。河原者もそうした差別を受けた人々でした。彼らは井戸掘りや死んだ牛馬から皮をとってなめすことも行っていま

龍安寺の石庭

した。彼らはおそれられましたが、その仕事は社会にとって必要であり、すばらしい文化を築いていきました。なお「けがれ」は、近代以降に生まれた不衛生という考え方とは異なるものです。

（『社会科 中学生の歴史』帝国書院 p.83 欄外）

　現在のところ、史料のうえで「穢多」の語が確認できるもっとも古いものは、1274年から1281年ごろに成立したと考えられる『塵袋』においてである。そこには、「キヨメ」（穢れを清める）を共通項としながら、他の被差別民とともに社会から排除される（人と交わらない）存在として記録されている。

　時代が下るとともにそれらの被差別民は少しずつ分化していき、「穢多」の系譜を引く「山水河原者」は、とくに神社や仏閣などの作庭に関わったことがわかっている（「山水」とは庭を意味する）。そのうち、善阿弥についてはその技術を絶賛され将軍足利義政からの庇護をうけた人物として有名であり、またその孫の又四郎も「屠家（被差別民）に生まれたことを悲しむ」などとの言葉とともに、多くの研究で紹介されてきた。

　以上のようにこれまでは個人に焦点が絞られることが多かったが、山水河原者は庭園の設計から樹木や石の選定、運搬、そして建設・管理などの作業を複数の人間で行っており、また善阿弥や又四郎などに統率される集団がいくつか構成されていたことがわかっている。たとえば「河原者」の「赤」は北野社中の焼失事件の後始末について、自らの集団とは別の「河原者」集団に任されたことについて抗議するとともに、別の資料では朝廷の梅の木が枯れた際にどの梅がよいか意見を述べるなど、作庭にも関わっていた。他にも虎（これを寅年生まれの善阿弥とする説もある）、小四郎（又四郎の父）、小太郎、彦次郎、彦三郎、彦六、二郎五郎などの名前が資料に登場し、複数の人間での協働が確認できる。

　作庭作業の待遇としては、たとえば東寺の庭の手入れの際に「河原者」に支給されたのは1日「百文」とされており、その支給額は番匠大工や檜皮葺工などの技術者と同額であるという。

　ただし、「赤」の主張からわかるように作庭だけで生活できたとは限らず壁塗りや井戸

掘りなどにも従事することがあったこと、また又四郎が語るように差別と表裏の関係性にあったことを忘れてはいけない。

●上記、教科書に記載のある石に残る人物名は「小太郎」と「徳二郎」（「松次郎」との説もあり）という２人の人物である。なお小太郎については、本文に紹介したとおり、他の資料にも登場する人物である。

参考文献
横井清『中世民衆の生活文化』東京大学出版会、1975
林まゆみ「中世後期における北野社を中心とした造園土木職能の形成」（平成 12 年度 日本造園学会研究発表論文集 18）
外川正明『部落史に学ぶ』解放出版社、2001
外川正明『部落史に学ぶ2』解放出版社、2006
脇田晴子『日本中世被差別民の研究』岩波書店、2002
山本尚友『史料で読む部落史』現代書館、2009

各地で争う戦国大名——戦国大名と被差別民

　戦国大名は強力な軍隊をつくり、各地に堅固な城やとりでをつくりました。また、産業や経済の発展にも力を入れ、武田信玄によって築かれた堤防をはじめ、大規模な治水・かんがい工事を行い、耕地を広げ、年貢などの収入を増やしました。（中略）また、律令や御成敗式目とは別に分国法とよばれる独自の法律をつくり、武士や農民らを厳しく統制しようとしました。　　　　　（『社会科 中学生の歴史』帝国書院 p.79）

　幕府からはなれ、独自の領国支配を行おうとする戦国大名は、物資の安定的な確保や供給のためにさまざまな職人を支配しようとした。とくに戦に用いられる武具や馬具には大量の皮革が必要とされることから、「かわた」「皮はぎ」「革作」などと称された皮革職人（以下、「かわた」）の組織的な統制が進められた。以下、資料から確認できる東国の様子に焦点を絞って説明していく。

　「かわた」たちは仕事の確保や技術の維持・継承のためにすでに独自の組織を形成しており、戦国大名たちはその組織の長を通して、一定量の皮の納入や一定の日数分の技術の提供（なめす、いぶす、板目にするなど）を要求した。板目とは原皮を加工して完全に乾燥させたもので強度に優れ、鎧などの主要材料となる。ときに皮の納入の日限の拘束、他の支配下に入ることへの制限などを設定されながらも、「かわた」にとっては大きな政治力と経済力をもつ戦国大名と結びつくことは、仕事の独占を意味しており、収入の安定にもつながった。そしてその結びつきは、身分が確定されていくことでもあった。さらに「かわた」たちは皮の納入や技術提供を、戦国大名から与えられた役として負担していた。

　この戦国大名と「かわた」の関係性は、制度としては確立しておらず流動的であった中世の身分から、次の時代における固定的な身分制度のさきがけともなった。

参考文献
笹本正治「戦国大名の職人編成とかわた」『解放研究』第 17 号、東日本部落解放研究所、2004

3 近世

　中世の被差別民の一部を前提として、領主から身分支配のなかで把握し編成されたものが近世社会における被差別身分として成立していく。

身分制社会での暮らし──被差別身分の担った役目

　幕府は、豊臣秀吉のときに行われた兵農分離をさらに進め、17 〜 18 世紀にかけて、武士と百姓・町人を区別する制度をかためていきました。この過程で、百姓や町人に組み入れられなかった一部の人々は差別されることになりました。

（『社会科 中学生の歴史』帝国書院 p.116）

差別された人々

　近世の社会にも、中世と同じように、天変地異・死・犯罪など人間がはかりしれないことを「けがれ」としておそれる傾向があり、それにかかわった人々が差別されることがありました。もっとも、死にかかわっていても、医師・僧侶・処刑役に従事した武士などは差別されなかったので、差別は非合理的で、支配者につごうよく利用されたものであるといえます。

　差別された人々は、地域によってさまざまな呼び名や役割で存在していました。えたとよばれた人々は、農林漁業を営みながら、死牛馬からの皮革の製造、町や村の警備、草履や雪駄づくり、竹細工、医薬業、城や寺社の清掃のほか、犯罪者の捕縛や行刑役などに従事しました。ひにんとよばれた人々は、町や村の警備・芸能などに従事しました。これらの人びとは、社会的に必要とされる仕事や役割・文化を担っていたのです。

　こうしたなかで、経済的に豊かになる人も現れましたが、江戸時代中期から幕府や藩が出す御触れなどによって、百姓や町人とは別の身分として位置づけられました。そのため、差別はさらに強化されました。

（同 p.117）

　戦国期に進みつつあった職能別の身分原理は、徳川幕府のもとさらに進められることになった。武士と商工業者は基本的に城下町へ集住したが、その際にも武士は武家地、商工業者は町人地に居住し、武士は軍役、商工業者は町人足役を負担することとなった。また百姓は村に居住し、百姓役を負担した。支配者としての武士と、町人・百姓という被支配者の間には大きな一線が存在していたが、町人と百姓の間は流動的であった。かつては士農工商

という身分がありそれぞれ序列が存在していたと理解されていたこともあったが、農工商にあたる百姓・職人・商人などのあいだには上記のとおり身分的な上下関係は存在しない。

「穢多」身分は地域によって異なりはあるが皮革関係の役（皮の上納や張り替えなど）や掃除役、行刑役、牢番役、警察役など、いずれも広い意味において「キヨメ」の機能を担った。生業として農業に携わり年貢を納める者もいたが、百姓として把握されることはなかった。「非人」身分は都市に流入する困窮者を中心として組織され、こちらも地域によるが掃除役や牢番役、行刑役、警察役などを担った。「穢多」も「非人」も被支配者であったが、町人・百姓とは異なる身分把握をされ、決定的な区別・差別が存在していた。

参考文献
白川部達夫・山本英二編『〈江戸〉の人と身分2　村の身分と由緒』吉川弘文館、2010

島原・天草一揆と宗門改め──宗門人別帳によって確立された身分制度

　この一揆のあと、領民が仏教徒であることを寺院に証明させる宗門改めが強化されるようになりました。これは、初め禁教を目的としていましたが、やがて結婚・出生・死亡や移転などを記した戸籍としても用いられていきました。

（『社会科 中学生の歴史』帝国書院 p.105）

　キリスト教徒の摘発のために始まった宗門改めの制度は、思想を問題にするものであったことから一人ひとりの個人を対象としたが、同時に檀家制という形式で統制を進めたために、単位は家族が基本とされた。こうして全住民を対象とする宗門人別帳が、17世紀半ば以降、毎年作成されることになった。作成の単位は村・町ごとで、村の宗門人別帳に登録されたものが百姓であり、町のそれに登録されたものが町人であった。「穢多」などの被差別身分については、帳の末尾に記されたり、別帳としてまとめられるなど、百姓や町人とは区別、差別された。

　宗門人別帳により、全ての人がいずれかの身分として登録されることとなり、その身分の把握は家族という血縁的なつながりでとらえられることとなった。また宗門人別帳の全国的な編製を通して、それまで使われてきた職能を反映した「かわた」などの呼称から、差別的な意味合いの濃い「穢多」の呼称が使われることが多くなるなど、被差別身分に対する差別は体制的なものとなった。すなわち、地域によって時期にずれはあるものの、近世の身分制度が確立することとなったのである。

参考文献
横田冬彦「近世の身分とその変容」『日本の近世7　身分と格式』中央公論社、1992

国学と蘭学──『解体新書』と被差別身分

　江戸では医師の杉田玄白と前野良沢らがオランダ語の人体解剖書を翻訳して『解体新書』を出版し、平賀源内は日本で初めて発電機や寒暖計をつくりました。

（『社会科 中学生の歴史』帝国書院 p.132）

杉田玄白と『解体新書』

　杉田玄白と前野良沢は、人体解剖の見学のさい、オランダの医学書と見比べ、その正確さに驚き翻訳を決意しました。見学のとき、すぐれた技術と知識で彼らに解剖の説明をしたのは、差別された身分の人でした。当時の医学はこうした人々にも支えられていました。

（同、欄外）

　被差別身分の人が医業に携わっていることは、珍しいことではなかった。それは歴史的に「キヨメ」の役割を果たすため、人や動物の死に接する機会をもつことがあったことに由来している。たとえば1765年、武蔵国において、医業に携わる「穢多」身分を医療活動を円滑に行うために「平人」（被差別身分以外）にして医師として取り立てたいという願い出が、周辺の村々から複数出されていた事例もある。これ以外にも多くの資料にその痕跡が残されており、北陸や中国地方で医療活動をしていた被差別身分が確認されている。

　上記の『解体新書』作成に伴う解剖を行った人物も、同様の状況であったと考えられる。杉田玄白の回顧録『蘭学事始』にその解剖の様子が記されており、解剖を行った人物は「名称は知らないけれども、自分は若いときから数体を手がけて腑分けしているが、いずれの腹内を見ても、ここにこのような物があり、あそこにこのような物がある」と指し示したという。それらはのちに動・静脈や副腎などであるとわかるのだが、玄白らはオランダの医書と実際に見比べてその正確さに感心し、直後に翻訳を決意していく。また、その人物は「いままで腑分けのたびに、見学の医師のかたがたにこれらの内臓を指し示してきたのであるが、だれ一人として、それは何、これは何といって、疑問にされたおかたもなかった」と語っており、それまでの解剖において、医師からさまざまな質問が投げかけられることは皆無であったことが想像できる。『解体新書』成立には、玄白らの事実を知ろうとする強い意志とともに、被差別身分の人を差別することなく接したその態度が存在していたのではなかろうか。それは同書の「健やかなる老者」との表現にも表れている。

　なお、これよりも早くに解剖に立ち会った医師として山脇東洋を挙げることができる。当然、その解剖も東洋自身が執刀したわけではなく、被差別身分を意味する「屠者」に担当させたことを自ら『蔵志』に綴っている。またこの解剖が日本最初のものであったことを記念して京都市内に碑が建立されており、同じく市内の寺院には東洋の墓碑と献体した人物の記念碑が建てられている。

近代医学の礎として、被差別身分の果たした役割もまた忘れてはならない。

参考文献
杉田玄白『蘭学事始』片桐一男全訳注、講談社学術文庫、2000
中山清治「解剖学の先駆者山脇東洋の史跡を訪ねて」『東京有明医療大学雑誌』vol.1、2009

諸藩の改革──抵抗運動としての渋染一揆

渋染一揆

1855 年、岡山藩は藩政改革を進めるため、29 か条の倹約令を出しました。このうち 5 か条は、えた身分の人々を対象とし、衣類を新調するさいには柄のない渋染（茶色）か藍染（青色）に限る、などと記されていました。これに対しえた身分の人々は、自分たちも田畑をたがやし、年貢を納めている百姓であると主張し、別扱いしないでほしいと藩に嘆願しました。それが拒否されると立ち上がって一揆を起こし、5 か条を実質上撤回させ勝利を得ました。えた身分の人々の一揆では最も規模が大きい戦いでした。

（『社会科 中学生の歴史』帝国書院 p.149 欄外）

経済の逼迫や支配秩序を維持強化するため、幕府からは身分規定を強化する法令がしばしば出され、諸藩においても同様の動きがみられた。1855 年の岡山藩の倹約令もその一つで、庶民一般への倹約令のうち、最後の 5 カ条が「穢多」身分への規制に関してであった。その内容は、衣類を無地の渋染めか藍染めの着物に限定したり、日常生活の細部を規制するもので、それに対して藩内の「穢多」村が集結して抵抗した。関係者が残した資料にはその主張も掲載されており、普段から農業に携わって年貢納入をしていることや、警察役などを担ったりしている事実を根拠として、「別段御隔て」に反対していたことがわかる。最終的には強訴を起こし、事実上、法令の撤回に成功した。ただし後日、指導者12 人が逮捕され、うち半数は獄死した。

同様の抵抗の動きは他にもあり、九州の杵築藩において「浅黄」色の半襟をつけるよう命じられた「穢多」身分の人々は、1806 年、逃散で対抗した。また兵庫の篠山藩では衣服を「浅黄無紋」に限定するなど命じられたことに対し、1840 年、「皮多」身分が反対の動きを起こして事実上、撤回させた。

このように、支配者からの身分支配強化の動きに抵抗する力を被差別身分の人々はつけていることがわかる。それは身分制度崩壊の前史ということもできる。

なお、岡山県人権教育研究協議会のホームページには、渋染一揆に関するサイトが設けられている。現地には渋染一揆資料館と獄死した指導者の慰霊碑が建立されている。また大分県杵築市のホームページにおいても、「杵築藩浅黄半襟逃散一揆」として現地でフィー

ルドワークが実施されている様子が報告されている。

参考文献
兵庫県部落史研究委員会『兵庫県同和教育関係史料集』第2巻、兵庫県教育委員会、1973
大分県『大分県史　近世篇Ⅳ』1990
ひょうご部落解放・人権研究所『人権歴史マップ　丹波版』2007

攘夷の失敗と倒幕運動──攘夷戦争と被差別身分

　一方、尊王攘夷の考えをとる長州藩（山口県）は、1863年、関門海峡を通る外国船を砲撃しました。しかし、翌64年にイギリス・フランス・アメリカ・オランダ4か国の連合艦隊から報復攻撃を受けて敗北したことで、攘夷から開国に考えを変え始め、木戸孝允らが藩の実権をにぎりました。　　　　（『社会科 中学生の歴史』帝国書院 p.152）

　長州藩では1863年5月、下関海峡を通過する外国船を砲撃した。それを受けて外圧に対する危機感が高まるなか、6月には高杉晋作によって町人や百姓など身分にとらわれない奇兵隊が結成された。さらに7月になると、吉田稔麿を取立方として「垣の内」と称する被差別身分に対して軍事登用令が出される。その登用令には、一つの村およそ100軒につき5人を目途に、常日ごろからまじめな人物で、「体が丈夫で健康な人」「勇気のある人」「足の速い人」「知恵のある人」との登用条件が掲げられており、それに適った場合は取りたてられて被差別身分ではなくなるとされた。その動きから「維新団」や「一新組」、「山代茶筅中」などが結成され、幕府軍との戦闘で多数の死傷者を出すなど命がけで戦った。当初は彼らを快く思っていなかった地域の人たちも、「維新団の働、驚眼の事」と驚きの眼差しやときには感謝の思いを込めてその活躍を綴っている。

　彼らの活躍は、長州藩に止まらず、幕府はもちろん多くの人たちに知られていく。大坂の渡辺村をはじめ各地の部落からは、身分解放を求める嘆願書が藩や幕府に提出された。また、崩壊の危機に直面した幕府は、被差別身分の人々が反幕勢力の側に立つことを阻止し、さらにはその力を幕府の軍事力や財政に利用するため、江戸の弾左衛門とその手下の身分引き上げを行った。このようにみていくと、幕末維新の内乱において、被差別身分の人たちは大きな勢力として無視できない一翼を占めていたということもできる。

　なお、岩国徴古館には、「維新団」に関連した歴史資料が所蔵されている。また、東京都台東区内には弾左衛門の墓碑なども残されている。

参考文献
布引敏雄『長州藩部落解放史研究』三一書房、1980
布引敏雄『長州藩維新団—明治維新の水平軸』解放出版社、2009
上杉聰『明治維新と賤民廃止令』解放出版社、1990

大阪人権歴史資料館編・発行『明治維新と「解放令」』1991

4 近現代

　近世社会における身分制度は明治初期に廃止される。しかしながら、天皇を頂点とする新たな身分秩序が編製され、また文明や勤勉・衛生といった近代社会が理想とする新たな価値観のもと、社会問題としての部落問題が成立していく。数は多くないものの、前近代には系譜をもたない被差別部落も誕生する。

古い身分制度の廃止──「解放令」と「解放令」反対一揆

　新政府はまた、江戸時代までの身分制度を廃止し、天皇の一族を皇族、公家や大名を華族、武士を士族とし、百姓・町人を平民としました。平民も正式に名字を名のることが許され、異なる身分間での結婚、職業・居住などの自由も認められました。また、1871 年の布告（いわゆる「解放令」）によって、江戸時代に差別されていた人々の呼び名が廃止され、身分・職業とも平民と同じとされました。これにより古い身分制度はなくなりましたが、国民全体がすぐに平等になったわけではありませんでした。新政府は、差別されていた人々の生活を改善する具体的な政策をとらず、長く続いた慣習や差別意識も簡単には改まらなかったので、結婚・就職・居住などに関する差別は根強く残りました。

（『社会科 中学生の歴史』帝国書院 p.159）

差別からの解放運動

　江戸時代に差別された人々は、「解放令」を喜んでむかえましたが、「解放令」に反対する人も多く、差別された人々を襲撃する一揆も起こりました。「解放令」のあと、おもな仕事であった皮革業にほかの人々が参入したことにより、差別された人々の生活はいっそう厳しくなりました。それでも彼らはひるまず、国民としての平等を求め、解放運動を進めました。

（同、欄外）

　新政府は、天皇を頂点とした中央集権国家を設立するためにさまざまな施策を遂行していった。地租改正もその一つで、土地の所有権を認めて地価を定め、地租を金納とすることにより政府の財政的基盤の安定を図るものであった。それを遂行するための前提として、江戸時代に税を免除されていた土地（除地）を廃止する必要があったが、被差別身分の人々の居住地もその対象に含まれていることが多かった。以上のような事情をはじめ、

近代国家としての諸政策を進めるためにも身分制度を廃止する必要性があり、「解放令」が発布されたのである。

　布告の内容は、身分と職業を平民と同じにするという前半部分と、府県に宛てた除地についての調査を含んだ後半部分に分かれており、どこにも「解放」という文言は記されていない（資料参照）。「解放令」との通称は大正時代に使われ出したが、それがこの布告への過大評価につながることや、内容を忠実にとらえた視点からは、最近では「賤民（称）廃止令」と呼ばれることも少なくない。

　この布告を、被差別部落の人々はおおいに歓迎した。兵庫県の部落では蓬餅をつき、大阪市内の部落では太鼓を打って踊るなどの喜びようであった。一方、部落外の民衆はそれらの喜ぶ部落の人たちの様子を温かく見守る人もいたが、村内には部落の人を入れず雇い人などにも使用しないことを取り決めるなど、反発を強める人たちもいた。そして平民と同様の行動をとるようになった部落民衆の態度を「傲慢」などととらえ、「解放令」に反対する一揆が起こった。それらの多くは明治政府による新たな諸政策に反対するとともに、「解放令」の撤回や反対を唱えた。西日本を中心に二十数件が確認されており、いくつかの一揆では部落を襲撃している。判明しているだけで24人の死者と28人の負傷者を出し、2,000戸を超える住宅が破壊もしくは焼失している。とりわけ1873年の岡山県の一揆の人的被害は甚大で、死者18人、負傷者13人が出ている。

　その後、新政府によって、皇族や華族、士族など江戸時代とは異なる新たな身分秩序が編製されていく。さらに文明や勤勉、衛生などといった近代社会がめざす価値観のもと、北海道旧土人保護法や癩予防ニ関スル件、精神病者監護法が成立し、またアイヌ民族や沖縄県人とアジアの人たちを見世物にした人類館事件が起きるなど、さまざまな人権課題に関する事象が浮かび上がっていく。被差別部落に対しても「特殊（種）部落」という呼称が広く用いられるようになり、部落に対する異質視や差別意識が定着していく。社会問題としての部落問題が成立するのである。

　なお、岡山県の一揆で亡くなった人を追悼する石碑が近くの山に建立されている。

資料

　布告

穢多・非人等の称廃せられ候条、自今、身分・職業とも平民同様たるべき事

　同上　府県へ

穢多・非人等の称廃せられ候条、一般民籍に編入し、身分・職業ともすべて同一に相成り候よう取り扱うべし。もっとも地租その外除蠲の仕来りもこれ有り候わば、引き直し方見込み取り調べ、大蔵省へ伺い出づべきこと

（現代語訳）

　布告

穢多・非人等[注]の制度が廃止されたので、今後は身分・職業とも平民と同様とする

　　同上　府県へ

穢多・非人などの制度が廃止されたので平民籍に編入し、身分・職業とも全て同じになるよう取り扱う。租税の免除についてこれまでのしきたりもあるので、改革方法などを調査して、大蔵省へ伺い出ること

注）「穢多・非人等」とあるように、江戸時代の被差別身分は「穢多」「非人」だけではなかった。加賀藩の藤内（とうない）や物吉（ものよし）、長州藩の猿引（さるひき）や宮番（みやばん）、福山藩や岩国藩ほかの茶筅（ちゃせん）、松江藩や鳥取藩の鉢屋（はちや）など、多様な被差別民が存在していた。

参考文献

大阪人権歴史資料館編・発行『明治維新と「解放令」』1991
ひろたまさき『差別の視線』吉川弘文館、1998
黒川みどり・藤野豊編『近現代部落史』有志舎、2009

米騒動と政党内閣の成立──部落の窮乏化と反発

　1918年7月、富山県の漁村の主婦が、米の県外への積み出しに反対し、安売りを要求しました。この動きは、翌8月になると、米屋などが襲われる米騒動となり、またたくまに京都・名古屋・神戸・東京など全国の都市に広がりました。政府は米騒動をしずめようと、警察だけではなく軍隊を出動させました。

（『社会科 中学生の歴史』帝国書院 p.205）

　1917年に起こったロシア革命の拡大を阻止するため、政府はシベリアに大量の軍隊を送った。そのための米の買い占めや投機で米価が急騰し、それに対する富山県新川郡の漁民の妻たちの行動をきっかけとして、米騒動が県内から西日本、やがて全国に広がっていった。およそ2カ月の間に、おもに工場労働者、人夫、大工、農漁民、車夫、坑夫など、60万人から70万人の人々が参加した。そのなかに関西を中心に22府県116町村において被差別部落からの参加が確認できる。背景のひとつに、部落の困窮化があった。「解放令」によって職業は平民同様とされたが、それは近世社会における諸役の免除も意味しており、同時に役に付随していた諸権利（税の免除など）の停止でもあったことから、差別と貧困が積層していたのである。

　取り締まりには軍隊も出動し、8,000人あまりが検事処分を受け、そのうち被差別部落出身者が10％を超えた。三重県のある地域では部落の人だけを検挙し、また和歌山県の別の地域においては死刑となった2人がともに部落出身であるという事態もあった。

　この背景には、部落出身者が米騒動の首謀者であったかのような誤解を招く新聞報道や政府の認識があり、それは被差別部落への予断と偏見の結果でもあった。

　この動きに危機感を抱いた政府は、部落改善策に着手していくことになる。

参考文献
井上清・渡部徹編『米騒動の研究』第1巻〜第5巻、有斐閣、1959
藤野豊・黒川みどり・徳永高志『米騒動と被差別部落』雄山閣出版、1988

解放を求めて立ち上がる人々──全国水平社と水平運動

　「解放令」が出されたのちも、働く条件や結婚などの差別はなくならなかったため、みずからの手による部落差別問題の解決をめざして、1922年に全国水平社が結成されました。

（『社会科 中学生の歴史』帝国書院 p.207）

全国水平社の結成

　差別の問題は、明治時代になるとふたたび社会問題として注目され、差別をなくそうとする運動が各地で起こっていました。しかし、社会全体を動かすまでにはいたりませんでした。

　こうした状況を大きく変えたのが、1917年のロシア革命や、翌18年の米騒動でした。差別された人々が米騒動に多数参加したため、政府は生活改善の対策をとる必要があると考えました。しかし、政府にたよるだけでは差別問題は解決しないとして、差別された人々は、1922年に全国水平社を結成して平等な社会の実現をめざし、みずからの力で差別をなくそうと立ち上がりました。また、差別された人々によって銀行もつくられ、近代化がめざされました。

（同、欄外）

　米騒動の衝撃により1920年、政府予算にはじめて部落改善費が計上されるが、部落差別を克服することはできなかった。また、第一次世界大戦後に広まった民主主義を推し進める動きは、さまざまな社会運動を活発化させていった。各地の被差別部落においても、差別撤廃を求めて多数の人々が立ち上がり始め、奈良県の被差別部落で活動する西光万吉や阪本清一郎らの動きを中心にして、1922年3月、全国水平社が設立された。

　水平社は、差別の責任を被差別者の側に求めるそれまでの考え方とは異なり、差別する側に抗議しそれを改めさせることによって差別を克服していこうとした。それを具体的に表現したものとして水平社創立大会で採択された決議の一つ、差別的言動に対する「徹底的糾弾」がある。それまで差別的なことばを投げかけられても何らなす術をもたず諦めるしかなかった部落民衆にとって、それに対して抗議できるということは大きな勇気と力を与えるものであった。

　また水平社宣言にある「吾々（われわれ）がエタである事を誇り得る時が来たのだ」との一節に象徴されるように、それまでは否定的な文脈でしか使用されることのなかった「エタ」という呼び名を自らの手で肯定的に規定しなおす行為は、部落民衆に肯定的なアイデンティティ

を与えることでもあり、多くの人が水平社の運動に共鳴していった。さらに「人間を尊敬する」という一文に明らかなように、人間としての平等を求める普遍性も水平社の運動はもちあわせていた。

　初期の差別糾弾闘争中心の運動の後、水平社は日本共産党をはじめとする他の社会運動と連携して政治闘争や階級闘争、さらには生活擁護闘争を展開していく。1933年には、香川県高松市の部落青年がその出身を知らせずに部落外の女性と同棲したことを犯罪として「誘拐罪」を適用した高松結婚差別裁判事件に対し、全国で糾弾闘争を進めていった。判決の取り消しは成し得なかったものの、被告となった部落青年の釈放と担当検事や判事は処分されることとなり、この闘争によって水平運動はその組織拡大も含めて、大きな盛り上がりをみせることとなった。

　しかしながら戦時色が濃くなる時代になっていくと、その運動も衰退し、戦争協力に向かっていく。水平社の文書などには「挙国一致」「東亜新秩序」をはじめとする文言が並んでいくことになる。1942年1月、水平社は自然消滅する。

◉全国水平社の説明文にある「差別された人々によってつくられた銀行」として、京都市内の柳原銀行を挙げることができる。1899年から1927年まで営業していた。現在、移築されて柳原銀行記念資料館として、その歴史を伝えている。また、奈良県御所市には水平社博物館があり、水平運動の歴史を伝えている。

参考文献
朝治武『水平社の原像』解放出版社、2001

新憲法の制定──日本国憲法に明記された部落問題

　日本国憲法は、三つの点で、新しい時代に対する当時の国民の期待がもりこまれていました。①主権は国民にあること（国民主権）、②戦争をふたたび起こさないこと（平和主義）、③基本的人権を尊重すること（個人の尊厳）です。

（『社会科 中学生の歴史』帝国書院 p.241）

　日本国憲法第14条は、法の下の平等を定めたものである。すなわち「すべて国民は、法の下に平等であって、人種、信条、性別、社会的身分又は門地により、政治的、経済的又は社会的関係において、差別されない」と規定され、前段はすべての国民が法の下に平等に取り扱われる権利を、後段で差別的取扱い禁止を具体的に示している。後段のなかの「社会的身分」の指し示す意味については、「人が社会において一時的ではなしに占めている地位」と解する説も存在する。しかしながら、憲法改正のための特別委員会で当時の国務大臣が「社会的身分」とは「丁度人の上に貴族を考えるのと同じ意味に於て、反対の側

に今考えられて居る或人々の集団」であると述べていることからも、この語がおもに部落問題を指しているのは明らかである。

この「社会的身分」は、マッカーサー草案にあつた「social status」にさかのぼる。その日本語訳は「社会的身分」とされていたが、後の憲法改正草案要綱では「社会的地位」となり、さらに後日の憲法改正草案でふたたび「社会的身分」と修正された。戦後結成された部落解放全国委員会のメンバーらが、より部落問題を想起しやすいように働きかけたともいわれている。

ただし、「門地」が「家柄」などとされてきたため、部落問題を指すのは「門地」であると考えられたこともある。だが、先の特別委員会において同じく国務大臣が「（貴族の、引用者注）主たる関係は門地と云う方に属するものと思って居ります」としており、「門地」が指し示すのは貴族などの特権的身分である。法学者の見解も同様であり、そのほとんどが「門地」ではなく「社会的身分」が部落問題を指すとしている。

さらに、同じく第14条の「差別されない」という部分についても、当初は「差別を受けない」との表現だったが国会で議論を重ね、より差別禁止に近い表現である「差別されない」に変化していった。部落差別が社会的に許されない行為であることが、憲法に明記されたのである。

ただし憲法に盛り込まれても、部落差別はなくならなかった。たとえば、1954年、広島県福山市において、部落出身者とそうでない人との結婚について「誘拐罪」との判決が下されるなど（のちに破棄）、戦前の高松結婚差別裁判闘争と同様の状況が見うけられた。司法にさえ、日本国憲法の精神が共有されていないこともあったのである。

憲法の精神にのっとった部落問題解決への公的見解が表明されるには、1965年の同和対策審議会答申まで待たねばならなかった。

参考文献
髙野眞澄『日本国憲法と部落問題』解放出版社、1984
村越末男『戦後部落差別事件史に学ぶ』明治図書出版、1993

同和対策審議会答申——「国民的課題」としての部落問題

戦争をはさんで部落の困窮化はさらに進み、また「法の下の平等」が謳われる日本国憲法下においても部落に対する差別事件は頻発していた。そのような状況のもと、全国水平社の後身である部落解放全国委員会は国会と政府に対して、部落差別克服のための国策を樹立するよう要請していった。1961年、総理大臣の諮問機関として同和対策審議会が設置され、全国の部落の実態など細かなデータを把握するとともに、いくつかの部会に分かれての論議などをへて、1965年8月、同和対策審議会答申が出された。

「前文」で、部落問題を「日本国憲法によって保障された基本的人権にかかわる課題」であるとし、その解決こそが国の責務であり、国民的課題でもあると明言した。「第三

部　同和対策の具体案」では同和対策は日本国憲法にもとづいて行われるものであるとし、「部落差別が現存するかぎりこの行政は積極的に推進されなければならない」と述べて、「結語　同和行政の方向」において「特別措置法」の制定などを提言した。

　これを受けて政府は、1969年、同和対策事業特別措置法を10年の時限立法で制定した。1979年から3年の延長、その後は名称を変えるなどして2002年3月まで同様の趣旨をもつ法律が存在した。33年間の同和対策により被差別部落の環境改善は一定程度進んだが、社会における差別意識が克服されたとはいえない。

参考文献
村越末男『戦後部落差別事件史に学ぶ』明治図書出版、1993
奥田均『「同対審」答申を読む』解放出版社、2015

部落と同和地区は、どう違うのか

　部落とは、本文（Ⅱ−1）で詳述したように、周囲から部落であるとみなされた集落（地区）です。近世の被差別身分であった穢多身分や非人身分の人たちの集住地が部落となっているという理解が一般的ですが、穢多・非人以外にも、近世の藩独自の賤民身分であった茶筅（福山藩）や鉢屋（松江藩、鳥取藩）などの集落、さらには、近世では身分制度のうえで平人（百姓や町人）とされた夙（宿）や声聞師などの中世賤民の系譜をひく集落、これらのなかにも部落になっているものがあります。また、なっていないところもあります。

　こうした部落とされた集落のうち、同和対策事業の実施対象となったものが同和地区です。全国水平社創立宣言に「吾々がエタであることを誇り得る時が来たのだ」とあるように、部落解放運動は穢多村の系譜をひく部落が中心となって進められてきました。そのため、穢多系の部落の多くは同和地区の指定を受けましたが、夙や声聞師などの系譜をひく部落は「自分たちは穢多ではない」と、同和地区の指定を拒みました。また、穢多系の部落のなかにも、同和地区の指定を受けることは、「ここは部落だ」と周囲に宣言することと同じで、その結果、差別が厳しくなるという理由で、地区指定を受けないケースも多くみられました。このように、部落には同和地区の指定を受けた部落と受けなかった部落があるのです。

　1993年の国の調査によると、同和地区は36府県に4,442地区を数えます。同和地区は同和対策事業の実施対象とされた部落なので、その数はわかりますが、部落は周囲から部落とみなされた集落（地域）なので、その数は正確にはわかりません。そのため、同和地区に指定されていない部落がどれほどあるのかも、よくわからないのです。

〈石元清英〉

部落差別が解消した社会とは？

みなさんは、部落差別がない社会をどのようなものだと思われますか？　もしかしたら、みなが部落問題を知らなくなることだと思っていませんか？　もしくは、被差別部落がなくなること、そう思っていませんか？

部落差別がない社会を共通理解しないでいると、部落問題学習の方法論で議論が大きくずれてしまう場合があります。上のような状態をめざすのであれば部落問題を学ぶことはかえって差別の存在を知らせることになるのですから、部落問題学習の必要性はありません。そうです、「寝た子を起こすな」論（19 ページのコラム②参照）になってしまうのです。部落差別がない社会とはどのような状態なのか、きちんと整理することは学習を進めるうえでとても重要です。

では、部落差別がない社会とはどのような社会を指すのでしょう？　他の人権課題を例に考えてみましょう。たとえば、障害者差別がない社会、女性差別がない社会とはどのような社会でしょうか？　みなが障害者問題を理解することにより障害者に対する差別や不平等が克服された社会、みなが女性問題を理解することにより女性に対する差別や不平等が克服された社会、となるはずです。ということは、部落差別がない社会とは、みなが部落問題を理解することにより部落出身者に対する差別や不平等

が克服された社会となります。けっして部落問題を知らなくなること、ましてや被差別部落がなくなることであるはずがないのです。なくさなくてはならないのは差別であって、差別されてきた地域や人々ではありません。

そうであるにもかかわらず、被差別部落は差別を前提として存在していることから、部落問題を学ぶことは差別を拡大することにつながり、差別をなくすためには地域や共同体そのものをなくす必要がある、そう考える人が少なくないのです。しかしながらⅢ章の歴史編でも明らかにしているように、部落は単に差別される存在として残されてきたのではなく、とくに水平社創立以降は差別された歴史や経験をもとに差別のない社会という新たな地平を切り開こうとしてきました。現在も、あらゆる人権課題の克服に向けて活動している部落や部落出身者がたくさん存在します。そういう意味においては部落には積極的な存在意義があるのです。

みなが部落問題を知ることなく差別がない（ように見える）社会と、みなが部落問題を理解したうえで差別を克服した社会、どちらがより豊かでしょう。人権が尊重される社会は、どちらでしょうか。部落問題を理解して差別を克服しようとする社会は、あらゆる人権課題の解決をめざす社会につながっています。　　〈宮前千雅子〉

地域教材を活用しよう

被差別部落の人たちを「差別をされてきた人々」と表現することがあります。えた、非人と呼ばれ「差別されてきた人々」と聞いたとき、子どもたちはどんな印象をもつでしょうか。「差別されてかわいそうだな」とか「しんどかったんじゃないかな」という同情心や、「差別って厳しかっただろうな」というようなイメージしかもたないのではないのではないでしょうか。

一方で、庭園造りで「天下一」と呼ばれた善阿弥や、『解体新書』を学ぶときに出てくる、腑分けをした「虎松のおじいさん」など、歴史に残る文化に被差別民が関わり、担ってきたということが語られます。逆に言うと、そういう優れた技術や実績がなければ、差別の対象になっても仕方がないのでしょうか。

被差別部落には農村部落も漁村部落もあり、千世帯以上の大きな部落もあれば、数戸という小さな部落もあります。皮革産業のような、いわゆる「部落産業」といわれる仕事を担っている部落もあれば、そういった産業をまったくもたない部落もあります。そして、そこには被差別部落の数だけ、独自の生活があり、歴史があるのです。

差別を受けながらも、人々はたくましく生きてきました。生きるために想像力を発揮し、さまざまな仕事をつくりだしてきました。そして、日々の生活の中で踊りや村芝居など、楽しみも見いだしながら前向きに生活を営んできたのです。それは、部落の人たちの生き抜く力であり、したたかさであると思います。「差別をされてきた人々」ではなく、「差別と闘いながら生き抜いてきた人々」なのです。

被差別部落の人たちは、その時代の主な生産産業から排除されましたが、違う形で生き方を作り上げてきました。それはすごいことだと思うのです。

その姿は、かわいそうでもなければ、哀れまれる対象でもありません。差別の中で生きるのは、生半可なことではありません。生きることそのものが闘いでした。むしろその力強い生き様こそ、我々が伝えていかなければならないことではないでしょうか。

かつて「解放学級」では、地域教材を活用したさまざまな活動がありました。子どもたちは地域の人に話を聞いて、劇にして文化祭などで発表しました。自分がいま住んでいる地域の歴史を掘り起こし、生き様を知ることで、部落問題は身近になり、他人事ではなく、過去のことでもない、どこか知らない、遠いところのできごとでもなくなるはずです。

先生方にお願いです。「地域教材」と構えるのではなく「ここの人たちはどのように暮らしてきたのかな」というささやかな疑問から、部落の人たちに話を聞くことから始めてください。意気込んで訪ねると、ひいてしまう人がいるかもしれません。ふらりと訪ねて「今度学校でこんなことをしようと思いますが、どう思いますか？」というように、気軽に意見を聞いてみるのはいかがでしょうか。まずは、誰かとつながることが大事です。地域の人とつながることで、先生方も自分の言葉で、部落問題を語れるのではないでしょうか。

〈細田 勉〉

第 2 部

小学校、中学校、高校のプログラム

IV 小学校
同和教育を核にした学級づくり

坂本研二

I 小学校編を執筆するにあたって

　本書の編集に携わった研究会に参加し、小学校の現場でこれまで課題だと感じてきたこと、また新たにそう感じたことを簡単に述べる。その後で、小学校の取り組みを報告する。

　現場で取り組まれにくくなった同和教育、とりわけ部落問題学習を何とか再構築していきたいと、この10年間試行錯誤しながら取り組みを続けてきた。

　その間、兵庫教育文化研究所が行った「人権教育実態調査（08年度実施）」「同和・人権教育に関する教員の意識アンケート（09年度実施）」の調査結果をふまえ、かつ現場実践を紹介する同研究所発行の『つながろうやI・II』にも関わってきた。

　詳細は同書に譲るが、アンケートから聞こえてきた兵庫県内の教職員の声は、私自身の体験にも重なると感じられるものであった。それは以下のとおりである。

　同和教育に取り組もうとする問題意識はあるものの、「間違ったことを教えはしないか不安である」「研修の機会が少ない」「適切な教材がない」。

　このような現状のなか、とりわけ6年生で、社会科の教科書にある「部落問題を教えるチャンス（7～8カ所）」を切り口として取り組んできた。

　同和教育の現状に危機感をもった兵庫県内の教職員が、意図的にあるいは無意識のうちに呼応し、取り組みが広がり、その結果、兵庫県教育研究集会、兵庫県人権教育研究集会などに部落史から同和教育を再構築しようという実践が、縷々報告されてきた。

　その成果が検証される間もなく、いくつかの課題がみえてきた。

　それは、本書の作成研究会でも痛切に感じたことであるが、小学校、中学校と高校、大学との間に断層があるということである。つまり、学び育った児童・生徒が、高校、大学で期待する生徒・学生像を呈してはいなかったのである。

　高校生・大学生を対象としたアンケートでは「小・中学校で、部落問題学習を習ってきていない」という生徒・学生が多かった。しかし、社会科だけをとってみても、「習っていない」はずはない。要するに、子どもたちの記憶や意識に残ってはいないのである。

　また、「習ってきた」という生徒・学生の多くも、現在の部落について何も知らなかったり、異質視や一面的な「暗い」「貧しい」「閉鎖的」というマイナス・イメージをもっていたりする。

こういった現状からの脱却に応えるのがこのプログラムである。

「部落」を語る必要性

結論からいうと、「部落」を語らなければ、部落問題学習が子どもたちの意識に残らないのである。当然、部落差別とは何かがわからなければ、差別を解消しようとする問題意識は形成されない。

もちろん他の人権課題から、部落問題に結びつくこともあろうが、そういったケースは少ないと考える。もしそのケースがあるとしても、それは個別の人権課題に焦点をあてた取り組みが行われていればのことである。後述する「核を据えた学級づくり」の項に、その参考例を記載している。

「部落」が語られていない要因は、「部落史から部落問題を教える」取り組みにおいて、水平社設立（大正時代）以降、とりわけ現在の部落を焦点化した実践が乏しいことである。それが、「部落」にリアリティーをもたせにくくさせており、地域と密着している小・中学校では、大きな壁となっているとも感じられた。

そこで、小学校編では、家庭訪問などでつぶやかれた当事者の声から、現在の部落や被差別民の思いを読み取ってほしいと考える。そしてこのプログラムをきっかけに、そういった声に寄り添おうとする仲間が一人でも多くなればと期待する。

現場に寄り添い、応援するプログラム

校区あるいは近隣の部落と密接している小・中学校の教職員には「部落」を語ることが、プレッシャーや不安となっていることも、作成研究会での共通理解となった。

校区に部落のある学校が、この不安ゆえに慎重になりすぎ、部落問題学習から逃避してはいないか。そのプレッシャーや不安は十分理解できるが、これらの学校こそ大胆に部落問題学習に取り組んでほしいと期待する。

一方で、安易に部落問題学習をしている学校はないであろうか。とりわけ校区に部落のない学校がそうしてはいないか。これらの学校は、上記の不安を理解し、想像力をもって部落問題学習に取り組んでほしいと期待する。

これらの学校現場に寄り添い、応援することこそ、このプログラムのねらいの一つである。

人と人とをつなぐネットワーク

ここ10年ほど、同じような問題意識をもつ教職員が、部落問題学習の再構築をめざしてきた。自らも試行錯誤し取り組む過程で、「研修も教材も確かに大切だ」ということを再確認した。しかしそれだけではない。この作成研究会に参加して、あらためて気づいたことであるが、それは部落問題学習をとおして、いや部落問題そのものをとおしての「豊

かな出会い、そして確かなつながり」こそが大切だということだ。

たとえば、「部落問題をなぜいま学ぶのか」という問いに対し、「部落差別をなくしたい」「子どもたちにつらい思いをさせたくない」「自分は差別をしたくない」と答える人々がいる。そのような問題意識をもった人々のつながりを、部落問題学習再構築の取り組みの結果として得ることができた。そのことこそが、私にはおおいに安心できるものであった。

2 同和教育発の学級づくり

学級づくりの実践から報告することにしたのは、近年若い教職員が増えるなか、学校は学級づくりの課題に日々、一喜一憂しているからである。もちろんベテランの域に達した私もそうである。

「あの子の本当の気持ちを知りたいんだけども……。自分（先生）の思いを、子どもたちにわかってもらいたいんだけども……」。しかし、それはとても難しい。さらに、保護者のみなさんに理解され、信頼される学級をつくるとなると、課題はつきない。

実は、これらは同和教育の課題と根底で通じている。

これまで同和教育では、しんどい立場におかれた子どもを核に据えた学級づくりが築き上げられてきた。

「厳しい差別に負けず、子どもたちを立ち上がらせたい。そこに寄り添う先生でありたい」「保護者、地域の切実な要望を受け止め、信頼される学級・学校でありたい」

そこから、子どもたちとつながる交換（個人）ノート、班ノートの取り組みや、子どもの現実を深く知る家庭訪問の取り組みが生み出されてきた。それらは、これからも引き継いでいきたい取り組みである。

これら同和教育の財産は、今日的な課題をもった子どもたちにも、その保護者との連携にも、そして学級づくりにも、必ず生きるものだと確信する。

これらが今日の学校に、とりわけ若い教職員へと継承されれば、自ずとその源流である同和教育、部落問題学習が再構築されると考える。

子どもたちとつながる交換ノート

これまで私が、どの学級を担任したときも、大切にしてきた取り組みの一つは、子どもたちとの交換ノートである。教職員は、子どもたち一人ひとりのことをしっかり理解したいと思っている。そのため、学校生活のあらゆる場面で、様子を見たり、気になるときには話しかけたりする。そして、子どもたちの気持ちをしっかり受け止めたいと考えている。その大切な役割を果たしてくれるのが交換ノートなのである。これは子どもたちとの信頼関係を深めてくれるものでもある。さらには、子どもの家庭、また社会的に背負って

いる課題などを、このノートをとおして読み取ることができる。

学級担任の考えを、子どもたちと保護者によびかけたものが、学級通信「ぽかぽか第3暖」（資料1）である。

交換ノートは何気ない日常のことから始まる。私は返事を大切にしてきた。子どもたちも、返事を楽しみにしてくれている。ここから生まれた信頼関係のなかで、友だちとの悩みを話してくれたり、家族の問題を読み取れることがある。

そんなときこそ教員として、また場合によっては個人として、心のかぎり返事を書く。

そのことは、もちろん学級づくりの課題としても受け止めていく。

資料1

これまで私は、交換ノートをコピーして、保存することをしてこなかった。それは、書かれた内容の公表について配慮するなど、子どもたちとの約束を厳守するためである。ただし、重要案件の場合、特別にコピーしたり、書き写したりしたことはある。

そのため、ここで紹介する交換ノートの内容やそれへの返信は、私の記憶に限ったものであること、またプライバシー保護のため、本筋を失わない程度に脚色してあることをご了承いただきたい。

①学級を二分した対立に、交換ノートでどう関わったか（高学年のクラスで）

●対立するAとB

Aは前年度まで、クラスのリーダー格で発言力も強かった。ところが、その年度のうちに、Bがリーダー格となりそれまでの関係が逆転したと、前担任から引き継いでいた。

もともと対立していた二人の関係は、力関係の逆転で悪化しているように感じた。さらには、クラス全体がその対立に巻き込まれているようにも感じた。またAが少数派のグループを形成し、Bは少人数グループに属しながらも、発言力で圧倒的にクラスの多数派を形成していた。

それまでの、報復ともとれる言動を制止することに最大限の注意を払ってきたが、AとBの関係を改善させることができたとはとてもいえない。関係の悪化を食い止めるのが精一杯であった。もちろん、学級づくりの重要な課題と受け止め、さまざまな取り組み

を行ってきた。ただしここでは交換ノートのみに特化することとする。

●不平・不満を受け止めて

このような状況のなか、Aの交換ノートには、Bへの不平・不満が書き込まれた。

「友だちの悪口を書いてはいけません」

子どもたち同士の交換ノートについては、そう指導するはずである。近年のSNSの利用についてもそうである。

しかし、このときのAへの返事で、そう注意をしてしまうと、Aと私との関係は、瞬時に途切れてしまうと直感した。

あくまでもAのしんどさに寄り添うことを前提に、Bへの不平・不満を一旦は受け止めることで、返事を書いていくことにした。

「（しんどさに対して）そうなんや。よう書いてくれたね m(_ _)m」

「Aさんは、○○さんや△△さんと仲よしなんやね(*^_^*)」

「でも、Bさんにも、ええところあるで(^^)!」

「みんなで、ステキなクラスにしていくために、どうしていけばいいかなぁ……」

1年間、こんな感じでAとの交換ノートが続いたが、何度も悩んだ。Aに寄り添う一方で、自分のクラスのBへの不平・不満が書かれていること、またそれを読むことは、相当きついものであった。もし、Bやその保護者が知れば、どう思うだろう……と。

●先生は、ワースト2

私は、決してBへの不平・不満には同調しないことと自分なりの最低限のルールを決めて返事をし続けた。

3学期に一度だけ、Aの保護者から「学校を休みたがっている」と相談を受けたが、何とかそうならずに、その年度も終わりを迎えることとなった。

1年間の思い出を発表する「よびかけ」を学級会で話し合っていたとき、「先生、よびかけに交換ノートのことを入れてよ」というAの発言に、クラスのみんなも異議はなかった。

※「よびかけ」とは、卒業式や学習発表会で、参加者にむけて、個人で、あるいは一斉に声をあげてセリフを「よびかけ」ることである。

よびかけのセリフが「先生ともいろいろ話した交換ノート」と決まったときには、1年間の苦悩が報われたような気がした。

しかし子どもの心理は、そんな単純なものではなかった。交換ノートの最終回で、1年を振り返ったAのノートにはこう書かれていた。

「わたしの思い出、ワースト1・B、ワースト2・坂本先生」

毎回1ページ以上におよぶやりとりをしてきたが、「返事を書いている私」と「担任の

私」とは別人物のように感じられているようだった。

　Bとの関係、クラス全体との関係を改善してくれなかった担任への、率直なAの気持ちとして受け止めた。そして次年度からの学級づくりで、子どもたちにそんな思いをさせないように取り組むことで、その気持ちに応えていこうとあらためて決意した。

②障害のある仲間と、交換ノートでどうつながったか（高学年のクラスで）

障害者を蔑む言動に対して

　高学年のクラスで、障害者を蔑む言動があった。そのことについて、クラス全体で考えたり、保護者への啓発を行った。

　最終的には、地域の作業所で働くみなさんの力を借りることにした。作業所の出張販売をクラスで行ってもらい、その人その人を、その働く姿を、そしてその生きる姿を間近に見ることによって、蔑む感覚を改める取り組みであった。

　「その人、その生きる姿」を子どもたちに再確認し、また保護者のみなさんへの啓発を兼ねたものが、学級通信「キラキラ 75 番星」（**資料2**）である。

資料2

●身近なことにつなげる

　クラスの子どもが発した障害者を蔑む言動に対して、当初一人ひとりがどう思っているかを話し合った。

　「そんなことを、言ってはいけない」

　「かわいそう」

　「お父さんの職場には、障害のある人のためのスロープがある。それは、その人たちを助けるためだ」

　子どもたちの発言はどうも薄っぺらく感じた。その場での話し合いを一旦終えて、次のように話しかけた。

　「もっと身近なことで、それぞれの思いを交換ノートに書いてきてほしい」

　というのは、このクラスには、保育所から共に育ってきた障害のある仲間Cがいたからである。

　翌日、ある子どもの思いが、こう綴られていた。

「Cは、保育所からみんなと一緒に育ってきた。小学校になって、Cにもう一人先生が付くようになった。それまで、他の子どもたちと同じように思っていたけど、何か違うのかなと思うようになった。けれども、Cは面白いし、Cといると楽しいし、CはCやからそれでいい」

「ありがとう」と返事を書いたことしか思い出せないが、それだけで十分、担任の気持ちが伝わったと思う。

また、障害のあるきょうだいがいるDは、こう綴っていた。

「うちの親は、こう言います。子どもの介護で、『たいへんやね』と言われるのは、あまりいい思いがしないって。介護は、うちの家族にとって『あたりまえ』だからです」

「その反対に、『かわいそう』と思われることもいやです。障害があっても幸せなときもあるし、そうでないときもあるからです」

障害者を蔑む言動があったあと、CやDの親と話をさせていただき、その思いを聞くことができた。また、その後の取り組みにも理解を示していただいた。親の思いと、交換ノートでクラスの子どもたちの思いを確認できたことで、その後の取り組み（先述の作業所との交流など）につなげていくことができた。

交換ノートは、Cとクラスの仲間との絆を深め、Dのきょうだいを思う気持ちへとつながっていった。

このように、学級の課題や同和・人権学習の感想など、それぞれに深く振り返ってもらうために交換ノートを生かすこともある。原稿用紙を配り、感想文を書いてもらうよりも、普段からやりとりしているこのノートに、本音が出やすいことは確かである。

③家族や子どもの背景を交換ノートから読み取る

後述する家庭訪問とともに、交換ノートによっても子どもたちのことを深く知ることができる。

以下、2つの事例を簡潔に紹介し、この項を終える。

●「先生は、泣かないでね」(高学年の子ども)

Eは単親家庭である。離別した親とはときどき会っていることを、家庭訪問時に聞いていた。その後、別れた親が再婚し、会わなくなったことも知った。

そんなある時、再婚したばかりの親が亡くなるという不幸が起きた。

そのことについて交換ノートには、次のように書かれていた。

「（実の親だけども）葬式では、いちばん後ろの席で見送った」

決して不満ではなく、事実を書いただけであろう。それが故に、「実の親なのに……」と大人である私は、切なくなった。

「お別れしてきた？　しっかり泣いた？　それでいいんだよ……」

どうことばをかけていいのかわからず、涙ながらに返事した内容は、はっきりと思い出せない。けれど、おそらく返事を書いている私を思って書いてくれたのであろう、心優しいEの返信は、忘れられない。

「私は大丈夫だよ。先生は、泣かないでね。先生は、心優しい人だから」

●「そうぜつな、おやこのたたかいです」(低学年の子ども)

Fにとっては実の両親と暮らす家庭ではあるが、Fのきょうだい(当時、高校生)は、一方の親が違う。

そのきょうだいは、再婚により、ことばや風習などが異なる、かなり遠来の地から越してきた。また、Fとはかなり年が離れ、思春期で、異性である義理の親と暮らしていることなど、複雑な家庭環境であることが想像された。

それを明らかに感じたのは、Fの交換ノートにこう書かれていたからだ。

「せんせい、そうぜつなおやこのたたかいです」

低学年のFには、きょうだいと親とのけんかの内容を理解することはもちろん、聞き取ることさえできない。その激しさだけが読み取れた。

ちょうどそのころ、同じような家庭環境のなかで、親に不満をもつ高校生が放火した事件が新聞を賑わしていた時期だけに、私が過敏になっていたのかもしれない。

しかし、わずか6〜7歳の子どもでも、さまざまな境遇を背負っていることを忘れてはいけない。そんな境遇から学校に通っているのである。「クラスにいるだけで、ありがとう」という思いである。

その後、きょうだいも自立し、家庭をもっていると聞く。もちろん、Fも元気に学校へ通っている。

核を据えた学級づくり──子どもの現実を深く知るための家庭訪問

学級づくりはまず、学級の実態と課題を把握し、核を据えることが大切である。核とは、端的にいえばしんどい立場におかれている子どもたちである。その子どもたちが、安心して過ごせる学級をつくっていくことが、全ての子どもたちにとっても、安心して過ごせる学級となるからである。

念のために付言しておく。しんどいとは、その子どもの身体的特徴や家庭環境などの課題そのものを指すものではない。そのことによって差別的な言動や偏見を受けしんどい立場におかれることがあるという意である。

これまでの経験から、実態と課題を把握するための観点を整理してみた。

①身体的特徴や家庭環境など

家庭訪問では、子どもの身体的な特徴や家庭環境について、詳しく教えてもらうように

してきた。

　身体的な特徴については、安全面（保健調査など）はもちろん、大きな手術やけが、火傷の痕跡など、そのいきさつやそのときの家族の心境・苦労などを教えてもらってきた。そして、その傷跡にはさまざまな思いがあることを感じとってきた。

　障害のある子どもや、障害のある人が家族にいる子どもを核に据える場合も、家庭訪問での聞き取りが大切であることはいうまでもない。

　学級で、そのことを家族の方に語っていただいたこともある。その子のことを理解することはもちろん、学級の子どもたちも同じように、家族に大切にされて育ってきたことを感じとるためである。

　また、家庭訪問では必ず、「単親である」など、子どもの家庭環境について、保護者から教えてもらってきた。

　守秘義務を前提に、また「お答えいただけるなら」と一言断ったうえで、

「死別ですか、離別ですか」

「何歳のころですか」

「別れたお父（母）さんとは会っておられますか」

「子どもさんは、（単親であることを）どう受け止めていると感じられますか」

などである。

　実態を詳しく把握したいのは、いうまでもなく、知らないことによる配慮のない言動で、子どもたちを傷つけてしまいかねないからである。

　たとえば、「別れた親とまだ会っている」子どもと、「単親が当たり前と受け止めている」子どもとでは、学級で「お父（母）さん」が話題になった場合でも、受け止め方が違っているはずである。前者には、あまりふれられたくない話題であるかもしれない。また後者には、必要以上の配慮で、むしろマイナス・イメージを植え付けてしまうかもしれない。その対応はさまざまであろうが、実態を知らなければ、子どもの気持ちに寄り添うことはできない。

　家庭訪問で把握した子どもの実態や課題は、全ての教職員で共有したい。

　ふだんの声かけはもちろん、場合によっては親権の問題や、虐待からの避難などの深刻なケースにいたるまで、配慮のある対応をしたいからである。

　子どもたちはあらゆる場面で生きているのである。身体的特徴や家庭環境などを背景としたしんどい立場の子どもたちを、学級の核に据えていきたい。

②被差別部落の子ども

　「コラム⑩　立場を自覚していない部落の子どもをどう支えるか」（89ページ）にも書いたが、部落問題・同和教育について当事者と話し合う機会が、大変少なくなってきている。

　現状では、部落の子どもを担任し、かつ差別をなくしたいという思いや、同和教育に取

り組む確かな意志をもって、家庭訪問などの機会に保護者と向き合うことでしか話し合うことができないのでは、と感じている。

　近年、私が向き合うことができた内容を紹介する。

●部落の子どもを担任したとき

　これまで、部落問題や同和教育に取り組んできたことを述べたうえで、「部落のことを、子どもさんは知っていますか」と尋ねると「いつかは話さなければ……とは思っているけど、いまはまだ話していない」と答えられた。

　「そのことを今後、どう取り組んでいけばいいですか」と、一緒に考えていきたいというこちらの思いを述べた。

　その子が低学年のときに、解放学級が閉鎖になったいきさつをその保護者も知っていたので、「先生、解放学級、復活させたいの？　そんなにがんばらんといてよ」と言いつつも、「でもなぁ……、もし差別にあったらなぁ……」と、わが子の将来を案じ、自問自答する保護者の姿は、いまも鮮明である。

　その後、その保護者とは何度か話し合った。どのように部落問題学習を進めようかと迷っていたとき、「詳しいことは祖父に聞いて」と紹介された。

　祖父からは「まず、先生がどう教えたいと思っているのか聴かせてほしい」と、尋ねられた。

　自身のこれまでの同和教育や部落問題についての体験や思いを語るなかで、次のように答えた。

　「もし差別に出合ったとしても、そのことをはね返せる力をつけられるように、取り組んでいきたいと思っています」

　祖父は、「差別は間違っている。だから差別をなくしていくことをしっかり教えてほしい」「私らにも機会があるんやったら、そのことをきちんと伝えたい」と、教科書の「身分と人々のくらし」のページを見つめながら語られた。

　この思いに何度も背中を押されながら、それ以後部落問題を教えることができた。

　学級通信「チーム輪ーく第60わ」（**資料3**）は、部落問題学習の一端である。

　この取り組みの詳細は、『つながろうや

資料3

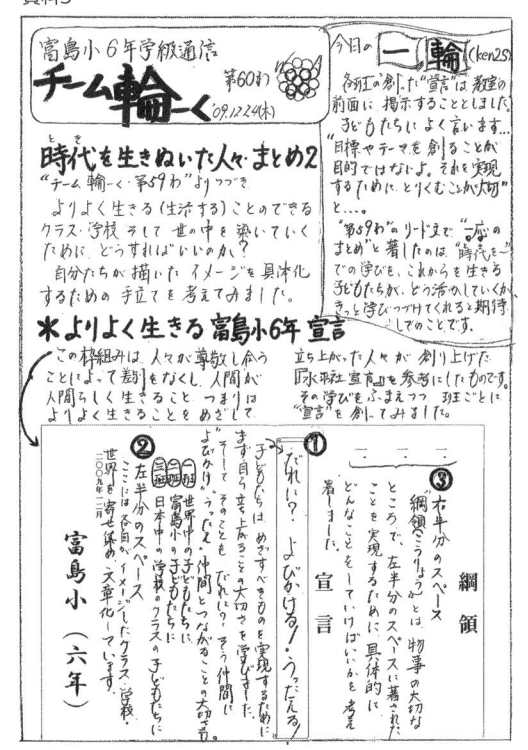

Ⅰ・Ⅱ』（兵庫教育文化研究所発行）に記載している。

●部落にルーツをもつ子どもを担任したとき

「先生、□□ちゃん知っている？」

始業式の放課後、学級担任になったばかりのクラスのG（中学年）から尋ねられた。

担任紹介のとき、これまで勤務してきた学校を述べたからだ。□□ちゃんは、以前に勤務した学校の子どもでGの親戚である。

小学校教員として、校区に部落のある学校5校に勤務する機会を得てきた。その経験から、偶然ではあるが、Gは、この校区の部落に住んでいる子どもではないが、部落にルーツをもつことがわかった。部落外にも、校区に部落のない学校にも、部落にルーツをもつ子どもがいるのである。

「校区に部落のない学校でも、部落の子がいることを忘れてはいけない」とよく聞いたし、自らもよく言ってきた。それが現実となった。

ルーツのある保護者とそのことをしっかり話し合いたい、と意気込んで家庭訪問に向かった。その日は両親そろっての懇談となった。

（配偶者はそのことを知っているのだろうか……）、結局その日は切り出せなかった。後日、ルーツのある保護者に電話をし、「実は……」と話し合う機会を得ることができた。

「配偶者も知っているし、（配偶者の）両親も理解のうえで、結婚している」ことや、「幼なじみや身近な仲間のつらい思いを、間近に見てきた」こと、そして「部落に生まれたことを、けっして卑屈には思っていない」と、きっぱり言い切られたことなど、本当にたくさんの思いを聞かせていただいた。

解放学級で学んできたというその若い保護者に教えられ、勇気づけられもした。

その保護者の姿と「自分がいま向き合っている部落の子どもたち」の成長した将来の姿とを重ね合わせ、同和教育を信じて取り組む決意を、新たにすることができた。

その後Gは、83ページで述べる人権サークルのリーダーとして活躍し、卒業した。

●わが子へ部落のことをいつかは話さなければ、という保護者の思いに接して

このように悩む若い親たちの顔がいくつも浮かぶ。家庭訪問のたびに、その悩みを一緒に考えていきたいと話し合ってきた。

「差別に出合ってからでは、遅いですよね」「（社会的立場の自覚をしていなくても）いまできることを一緒に考えませんか」と、これまで話し合ってきた結果、導かれたことは以下の3つである。

1　何でも話し合える（親子）関係を築くこと。つらいことがあったときこそ、それは大切。

2　もちろん、私たち（教員）も、何でも打ち明けてくれる存在になりたい。

3　そして何より、仲間とつながる力をつけるような取り組みをしていくこと。

これらは当然、どの子どもにも必要なものだが、それを部落の子どもたちが、確実に身につけられるようにしていくことが大切である。一方、この視点で学級づくりを進め、どの子どもにも身につけられるようにすることが、部落の子どもにも大切なのである。

1については、親子が話し合うきっかけとして、次のような取り組みをしてきた。

学級通信「ニコニコ第19笑」（資料4）の「わが子じまんカード」には、わが子のいいところを5つあげてもらう。「お願いします」だけではなく、まず担任がたたき台となり、見本を提示することが効果的だ。わが子のことでも、自分が子どものころを振り返ってでもかまわない。「あ〜、こんな感じでいいんだ」と安心していただくことが大切である。

また、「カードをつくってみて」の感想をいただくと、「家族みんなで楽しくつくった」「よいところを大切にしてもらいたいと思った」「いいところを見ていないことに気づいた」「子どもと向き合うことができた」「子どもの成長を感じることができた」など、〝子どもへの保護者の思いや子どもを理解することは大切だ〟ということが共通理解される。

「わが子じまんカード」のほか、「親じまんカード」や「親ごころカード」「ありがとうカード」（資料5）など比較的短時間で、作成時に親子の会話がはず

資料4

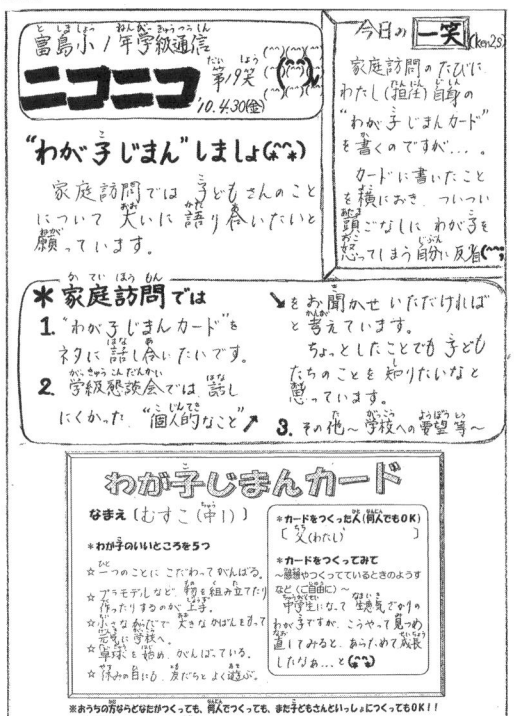

資料5

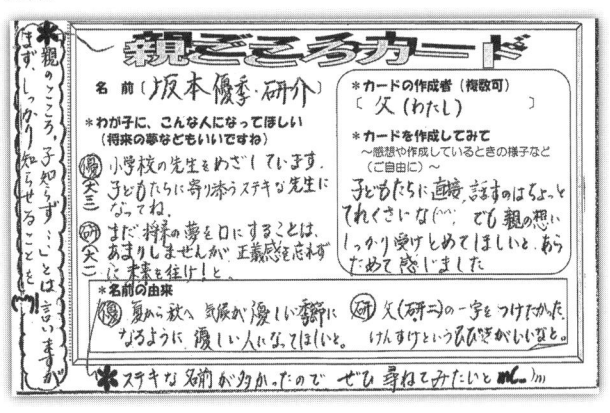

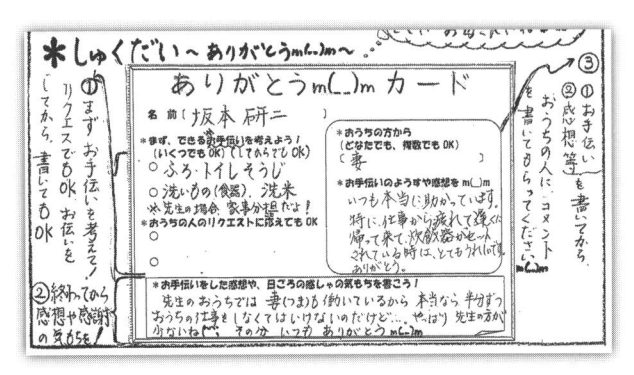

むような取り組みがある。

　2については、何でも打ち明けてくれる教員になりたいと、交換ノートの取り組みを続けてきた（「子どもたちとつながる交換ノート」の項66ページ参照）。

　3については、仲間とつながる力を学級づくりをはじめとする全ての教育活動で、さらに教員としての全ての活動（ライフ・ワーク）で、その力をつけたいと取り組んでいる。

③障害のある（家族がいる）子ども

　「この子が、（全介助が必要な障害のある）きょうだいⅠのことを話せるような、クラスにしてほしい」

　このような保護者の願いを、H（中学年）の家庭訪問で聞いた。

　私自身は、HのきょうだいであるⅠ（10年以上前に、この小学校を卒業）のことをよく知っていたので、そのクラスの核の一人は、Hだという思いをもっていた。年度初めに、保護者と担任との願いが一致したわけである。

　「その年度のうちに」ということではあったが、ある出来事をきっかけに一気に、取り組みは進んだ。

　この小学校の卒業生で、近くの作業所に通う障害のあるJ（当時、20歳頃）が教室の窓越しに、「せんせ〜、理科室の時計、取ってもいいのかな」と、私に大声で話しかけた。すかさず「ダメ！」と叱った。10年近くも前の出来事（怒られたこと）を、「私とのあいさつ」がわりにしてくれていたのである。

　クラスの子が、はるかに先輩であるJのことを「あの子、算数できるのかなあ」とつぶやいた。そのことをきっかけに、取り組みを始めた。

　Jの家族に承諾していただき、学級通信で当時のエピソードを紹介した。また作業所の全面的な協力をいただき、そこを訪問させてもらった。障害者を理解するというより、Jのありのままの姿を、子どもたちは知ることができた。

　そして、HのきょうだいⅠのことを紹介する取り組みへとつなげた。

　この取り組みでは、Ⅰのありのままの生活（車いすでの移動、文字盤での会話、あご打ちパソコンでのあいさつなど）を、教室に来てもらって紹介した。また子どもたちに車

資料6

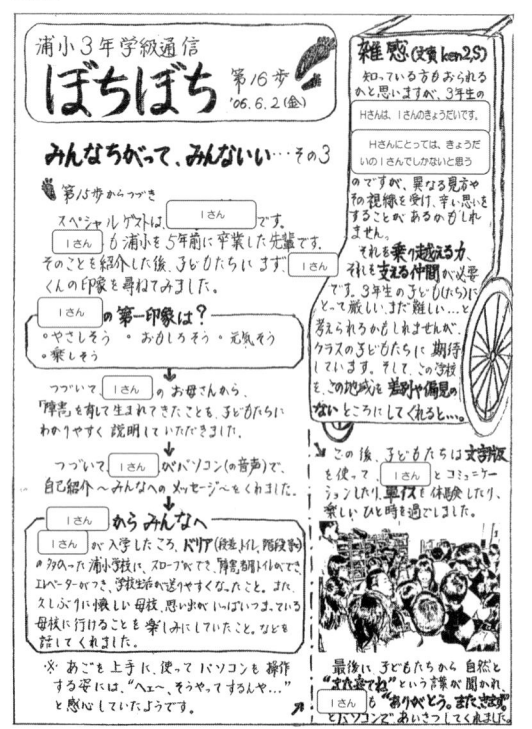

いすの実体験や、文字盤を使ってのクイズをとおして、Ⅰの生活の一端を知ってもらった。

　最後に、Ⅰの保護者から、「どうして、障害をもったのか（出産時のこと）」や「障害とどう向き合ってきたのか（手術や子育てのこと）」について、その思いを子どもたちに語ってもらった。

　子どもたちの感想で心に残ったのは、「Ⅰさん、また来てね」との、Ⅰへの素朴なことばかけであった。そしてⅠは、「ありがとう。また来ます」と、あごでパソコンを打って返事をしてくれた。

　学級通信「ぼちぼち第16歩」（前ページ**資料6**）は、その取り組みを紹介したものである。

④外国にルーツをもつ子ども

　「先生、うちの子、こんなこと言うねん」

　「『Ｋちゃん（低学年）はちがう、だって外人やもん』って……」

　1学期終了時の個人懇談で、クラスの子どもの保護者からの相談である。

　Ｋは、外国にルーツをもつ子どもで、外見からもそのことがわかる。

　「よく相談してくれましたね」

　まず感謝の気持ちを告げた。学級通信をとおして、私（担任）の学級づくりの姿勢を理解し、信じていただいたことへの感謝でもある。そして、「差別や偏見をもつ子に育ってほしくない」という保護者の思いを受け止めることができた。

　そう考える保護者の家庭において、低学年のその子に、外国人への偏見が「沁みつく」とは考え難い。だとすれば、わずか6〜7歳にして、どこからかそういった偏見が「刷り込まれて」きたのかと考えざるをえない。小さいころからしっかりと取り組みを重ねていくことが大切であると痛切に感じた。

　年度当初から、そのクラスの核の一人は、Ｋだという思いをもっていたのだが、その友だちの保護者の思いが、2学期以降の取り組みを後押ししてくれたのは間違いない。その結果、外国そのものに焦点を当てたものではないが、違いを豊かにする取り組みを、子どもたちと一緒につくっていった。

　同質のもの（何でもOK、この取り組みではジャガイモを使用した）を班に2つずつ用意し、それらを擬人化させてお話を創作する。

　その後、異質なもの（第三者）を用意し、お話の続きを作る。

　異質な第三者の登場で、同質な二人がどのような反応を示すのか。子どもたちがどのような物語を作るのか。

　ある班は驚いて逃げたり、ある班は「なんじゃあ」と攻撃的になったりする声かけや振る舞いがあった。低学年にしてすでにもっている、異質なものを排除しようとする感覚についてひきつづき学習を深めた。

　その過程で大切にしたのは、ある班の「一緒にあそぼうよ」「だいじょうぶだよ」と声かけをし、異質な第三者を仲間として包み込んでいくストーリーである。

資料7

これら子どもたちの物語を原作とし、「三人のものがたり」と題した創作劇に仕上げ、学習発表会で発表した。

違いを豊かにすることの大切さを感じとってくれたと確信する。

学級通信「ニコニコ第79笑」（資料7）は、その取り組みの一端を紹介したものである。

私が別の学校へ転勤したあと、高学年となったKは、人権作文で「外国にルーツをもつ」ことを堂々と書き、外国人である親への思いを述べるまでになった。

入学当初から、Kやその家族には、全ての教職員、友だちやその保護者たちが寄り添っていたと感じる。それ以降も学校全体の取り組み、地域の支えなどがあり、このような作文を書くことにつながったと思われる。

以上、子どもの現実を深く知るための家庭訪問と、「核を据えた学級づくり」の取り組みの一端を紹介してきたが、これらの取り組みにハウツーはない。

差別や偏見、いじめや仲間外れをなくしたいという切実な思いや、同和教育、人権教育に取り組む確かな意志をもって、保護者と真摯に向き合うことこそ、必要だと感じてきた。

ここで一つ付言しておきたい。

冒頭の兵庫教育文化研究所が行った「人権教育実態調査（08年度実施）」「同和・人権教育に関する教員の意識アンケート（09年度実施）」の調査結果では、障害者問題が、「教員の関心ある人権課題」「人権教育でとり上げている題材は？」の設問で、ともに圧倒的に上位を占めている。ちなみに部落問題は十数ある課題のうち、中位となっている。

先述した「『部落』を語る必要性」の項でも述べたが、他の人権課題から、部落問題に結びつくこともあろうが、そういったケースは少ないのではないか。

たとえば、読み物を題材とした障害児・者理解だけで、他の人権課題に結びついていくとは感じられない。

この項では障害のある子どもや外国にルーツをもつ子どもを核にした取り組みを紹介した。その子どもに焦点をあてて寄り添い、子どもの思いを感じることを通じて、部落問題など他の人権課題と重ね合わせることができるからである。

こういった取り組みが広がることで、横断的に人権課題が結びついていくことに期待している。

保護者とつながる学級通信

どの学級を担任したときも、大切にしてきた取り組みの一つに学級通信がある。

子どもたちの活躍を保護者に届けるためだけではない。学級づくりについての担任の考えや思いを伝えるためでもある。また、保護者にも登場してもらうことがある。

学級は、担任と保護者が、主役である子どもたちにしっかり寄り添ってつくりあげられる。そのことが学級通信をとおして共通理解されていくと考える。

資料1〜7で紹介してきたように、「同和教育発の学級づくり」の取り組みは、学級通信をとおして、その学びを、子どもたちと再確認し保護者の方々と共有するようにしてきた。

そのために、取り組みによっては号数を重ねる必要があるが、紙数の関係で多くの掲載はできない。したがって、この後、掲載している資料8〜12もふくめ、本文の取り組みの雰囲気をお伝えすることにとどまることをご理解いただきたい。

3　小学校における部落問題学習の進め方

江戸時代を生きた人々──新しい学問を切り開く

杉田玄白らは『ターヘル・アナトミア』を翻訳し、『解体新書』を刊行した。その書の内容を自ら確かめようと腑分けの見分へと赴いた。その腑分けに携わった人々が、差別を受けつつも賦役（死牛馬の処理、刑吏の執行など）で培った技術により、科学・文明の発展に貢献したことを焦点化して学ぶ。

一方、その人々からも真摯に学んだ玄白らの姿勢から、科学・文明の発展と差別をしない生き方との関わりについて学び、双方の人々またその営みがあったからこそ、「新しい世の中が開かれた」ことを理解する。

さらに、部落問題学習として偏見のない労働観を身につけさせたいと考え、『解体新書』の取り組みの前後に、食肉産業をとおした学習に取り組んだ。

『解体新書』の取り組みから、虎松のおじいさんはもとより、間接的ではあるが、歴史的に死牛馬の処理を生業としてきた人々の生き方につなげるためである。

ややもすると偏見をもたれかねない食肉の仕事をとおして、働く人たちの工夫や努力そして苦労を学び、そこから、さまざまなものの「命をいただいて」生きていることを実感することをねらった。

食肉の仕事をとおして

①取り組みを始めるにあたって

まず、私自身が、食肉用家畜の屠畜・解体を行う食肉センターを見学することとした。そこでは、「命をいただく瞬間」こそは見られなかったが、トロリーコンベヤーに吊るさ

畜魂碑

れた牛の皮を剥ぎ、内臓を取り除き、脊椎を割って、いわゆる枝肉にする過程を窓越しに見せていただいた。

また、広域行政として食肉センターが建設されたいきさつや、畜魂祭のことを教えていただき、畜魂碑の写真を撮らせていただいた。

②取り組みを動かしたことば

その後すぐ、枝肉が運ばれる「卸の肉屋さん」を訪ねた。

そこでは社長さんから、この取り組みの原動力ともなることばや思いを聞かせていただくことができた。私が、「生命をいただいて」というテーマで、その取り組みの趣旨を説明した後、社長さんは次のように話された。

「命をいただくか……、先生、きついこと言いますなぁ」

「わしも昔、（屠畜を）やりよったなぁ」

その後、昔は数カ所で「解体」を行っていたことや、現在の食肉センターになったいきさつをより詳しく教えていただいた。さらに、

「命を産ませるほう（の仕事）も大切に……な」

「子牛農家や、それから地域の肉屋さんを大切にしたってよ」

子牛農家や地域の肉屋さんへの見学や聞き取りも考えていることを話すと、セリや真空パックのことなど食肉の流通に関する専門的なことまで教えてくださった。

その後、枝肉をブロックに刻んでいく作業を見学させていただき、写真も撮らせていただくことができた。

③生命をいただいて

子どもたちの大好きな食べ物である肉についての仕事の見学や聞き取りなどをとおして、総合的な学習を進めた。テーマは「生命をいただいて」である。

資料8は、子どもたちと考えた、この学習の全体構想である。

「（精）肉を売る仕事」「肉の安全を確認し、守る仕事」「肉を料理して売る仕事」「牛を産ませ、育てる仕事」について班ごとに見学や聞き取りをし、仕事をする人々の苦労や、喜びをとおし、それぞれの仕事の大切さを学んだ。

それらを「命をいただく仕事（食肉センター）」とつなぎ、私たちがさまざまなものの命

をいただいて生きていることを深く学んだ。

これらの学習を、自分たちで創った脚本、背景、小道具で、劇にして発表した。

子どもたちが実際に見学や聞き取りをした「（精）肉を売る仕事」「肉の安全を確認し、守る仕事」「肉を料理して売る仕事」「牛を産ませ、育てる仕事」について、各班で模造紙にまとめクラス発表会を行い、さらに学習発表会の脚本も自分たちで作った。

子どもたちは、見学先で聞きとった以下のことばをセリフとして劇に盛り込み、聞きとった方々の思いを劇で表現した。

地域の肉屋のおじさん「仕事をしていて楽しいのは、お客さんが、『おいしかったよ』『また来るよ』と言ってくれること。それから、お肉をこうやってさわっていることかな」

料理店のおじさん、おばさん「うちの店では、ダシを作るのに牛の骨を使っているんだよ。牛の命をいただいているから、骨まで大切にしないとね」

子牛農家のおばあちゃん「かわいがって、大切に育ててきたからこそ、おいしい肉になってほしいし、ちょっとでも高い値で売れたらうれしい……」

一連の学習で子どもたちは、それらの仕事をする人々の苦労や努力、喜び、そして仕事の大切さを学んだ。

そして、「命をいただく仕事（食肉センター）」「卸の肉屋さん」については、上述したように、担任による「間接的な見学や聞き取り」ではあったが、その仕事、人を伝えようと努めた。さらに、「命をいただく瞬間」は、写真集『屠場（とば）』（本橋成一、平凡社）の力を借りた（この写真集では、「いのちと向き合う」と表現されている）。

『屠場（とば）』を子どもたちに見せ（読み聞かせ）、これまでの学習を振り返ることができた。さらには、学習発表会での第一幕「命をいただく仕事」の場面は、この写真集によるところが大きい。

学級通信『ぽかぽか』第48暖（資料9）で、子どもたちの感想の一部を掲載した。

当初子どもたちは、「（枝肉の写真を）気持ち悪い」「（牛を殺すのは）ざんこくで、かわいそう」と率直な感想を述べていた。

それが、「……けど、その命で自分たちも生きている」「……けど、牛を殺さないと肉は食べられない」などの変化がみられた。

さまざまなものの「命をいただいて」生きていることに、あらためて気づいたようである。

資料8

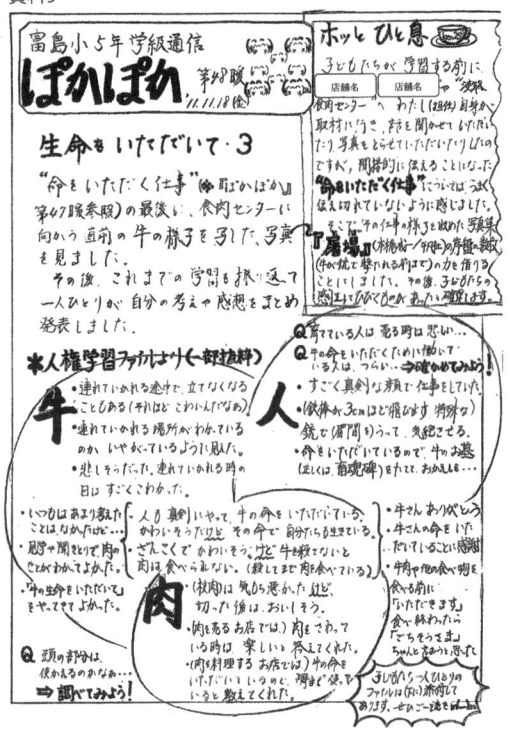

枝肉切り

命をつなぐ

　2年後、次の勤務校で6年生を担任した際も、『解体新書』と「生命をいただいて」というテーマをつなげる取り組みを行い、深化させることができた。

　同様の取り組みで、写真や資料も前回のものを活用できるが、あらためて取り組むにあたって、迷わず「卸の肉屋さん」へ聞き取りに行った。

①あらためて聞き取りに

　その半年ほど前に公開された、ドキュメンタリー映画『ある精肉店のはなし』（監督・纐纈あや、プロデューサー・本橋成一）を話題にした。私が鑑賞したことを告げると、

　「実は、わしもこっそり見に行ってましたんや」

　「映画（のセリフ）とおんなじやなぁ……。どないぞ痛くないようにと……（屠畜を）やりよったなぁ」

　前回の聞き取りと合わせて、心に深く残ったことば、思いが、今回も取り組みを後押ししてくれた。それは、次の3つである。

　「命をいただくかぁ……、きついこと言いますなぁ」

　「命を生ませるほうの仕事も、しっかり教えたってよ」

　「どないぞ、痛くないようにと……やりよったなぁ」

②体験から入って

私たちが、生きものの命によってくらしを豊かにし、私たち自身の命をつなげていることを感じとってほしい。

そのために、まず革細工（キーホルダーづくり）を体験することとした。技術指導していただいたゲストティーチャーからは、牛の原形を残したままのなめし革を見せていただいたり、実際の皮革工場の現場の様子を話していただいた。臭いなどが厳しいものであること、それによってか近年は、その仕事を外国人労働者に頼っていることなどである。

そのようすは人権サークル通信03（資料10）と同様のものである。

この仕事を想像しやすくするために、写真集『屠場』（前出）と上述した映画をもとにした写真集『うちは精肉店』（写真と文・本橋成一、農山漁村文化協会）を活用することとした。前回同様、聞き取りした際に撮らせていただいた枝肉や、食肉センターを訪ねた際の畜魂碑の写真も活用することとした。

③人権サークルでの学びを、学校に還元して

つづいて「命を生ませ、育てる仕事」（子牛農家）については、人権サークル（資料10参照）に参加している子どもの発表をとおして学ぶこととした。

これは、かつての解放学級での学びを、学校に還元したことを想起してのことである。

人権サークルとは、解放学級の学びを再構築しようと私が手弁当で立ち上げたサークルである。

人権サークルは、かつての「解放学級」の継承また再構築をめざして、兵庫県淡路市の小学校で取り組まれている。部落の子どもたちだけを対象としたものではなく、希望する子どもなら誰でも参加可能な、放課後に行われるサークルである。

兵庫県の補助事業「地域に学ぶ体験学習支援事業」を受け、淡路市が実施する「淡路市人権教育学級事業」として行っている学校もあれば、まったくの手弁当で行っている学校もある。淡路市市民生活部人権教育推進課と連携し、当該校の教職員が講師となって行っている。

参加する子どもには、部落の子ども、障害のある子どももいるが、一般の子ど

資料10

もが大多数である。ただし、活動内容は人権をテーマとし、参加者の交流も重視している。

　さらに、放課後の居場所の一つとしての役割を果たしているともいえる。

　ここでは、障害のある子どもと他学年の子どもとがつながったり、クラスでは友だちの少ない子どもがいきいきと活動したりする場面が見られた。また現任校では、児童養護施設の子どもたちが積極的に参加している。

　人権交流学習サークル通信「たがっ子」No.02（**資料11**）は、「命を生ませる仕事」への聞き取りの質問と回答である（低学年）。

　高学年の見学で、子どもたちが「牛が生まれるときは、どんな様子ですか？」と、命を生ませる瞬間のことを尋ねると、「いつ生まれるかわからないから、大変なんよ」「夜中に生まれたり、逆子で生まれたりするときは大変で、夜中の12時を過ぎていても、『獣医さん、ごめんやけど来て』ってお願いするんよ」と答えていただいた。

　また、「お仕事をしていて、困ったことはありますか？」の回答の一つには、「子牛が病気になったときとか、なかには亡くなってしまうことも……。たとえわずかな日でも育てていた子だから、悲しいです」と語ってくれた。

　「お仕事をしていて、うれしいことは何ですか？」の質問には、「元気に生まれて、大きく育ってくれることかな。てまひまかけて育てた牛だから、高く売れたときはやっぱりうれしいね」と答えてくれた。

　子牛農家への見学・聞き取りで、獣医さんのことを聞かせてもらったが、偶然にもその獣医さんはクラスの子どもの保護者で、しかも牛専門の獣医であった。獣医の仕事を「命を守る仕事」と位置づけた。そして、その方から聞きとった内容を、授業ではその子どもが発表した。

　「お仕事をしていて、たいへんだったこと、困ったことはありますか？」の質問に、獣医さんは、「特別な理由がないかぎり、365日24時間いつでも診療に行く準備をしておかなくてはいけません」「相手は牛なので、どこが痛いとかしんどいとか言ってくれないので、病気の原因がどこにあたるのかを判断することが難しい

資料11

です」と答えていただき、また「お仕事をしていて、うれしいことはどんなことですか?」という質問には「もうダメだと思って治療した牛が元気になって、農家さんが喜んでくれたときがうれしいです。農家さんがもうかってくれることもです」と答えていただいた。

このように、いずれはいただく命を生ませ、大切に育て守る仕事がある一方、そのことを受け止めて命をいただく仕事がある。それらがつながりあっていることを深く学ぶことができた。そして、だれかがしなければならない命をいただく仕事そのものの厳しさ、また牛馬の解体を生業としてきた歴史的な経緯を理解することから、差別や偏見をもたない態度、その素地を身につけてくれたと確信する。

さらには、私たちがその命によってくらしを豊かにし、私たち自身の命をつなげていることも学ぶことができた。そして、そのことをとおして命、つまり自分自身が大切なこと、友だちが大切なことを再認識した。

「子どもたちが安心してここに居ることができるクラス」をさらにめざしていきたい。そうしたクラスを実現する力こそ、差別のない社会を切り開いていく力であると思う。そのことを全ての取り組みをとおして、子どもとともに実感していきたい。

学級通信「深々」第47深（**資料12**）では、取り組みのまとめとして、学習発表会で劇化して発表したものである。

人権を視点にした通年の歴史学習や、ヒロシマへの修学旅行と一体的に発表したものである。

資料12

4 まとめ

以上、学級づくりから部落問題にいたるまで、多岐にわたって掲載することとなった。

被差別部落の子どもをはじめ、一人ひとりの子どもやその家族に寄り添い、そして保護者や地域と連携し、同和教育を核にした学級づくりの礎のうえに、部落問題学習が進められることを期待してのことである。

実践報告として読まれるかもしれないが、この実践がつくられた過程を読みとっていた

だきたい。そして、取り組みを構築する際の、参考としていただければと考える。

　以下、これまであげてきた課題を整理してみた。

○交換ノートで、子どもたち一人ひとりのことをしっかり理解したい。また、子どもたち
　の気持ちをしっかり受け止め、子どもたちとの信頼関係を深めたい。さらには、子ども
　の家庭、また社会的に背負っている課題などを読み取りたい。
○差別をなくしたいという思いや同和教育に取り組む確かな意志をもって、家庭訪問など
　の機会に保護者と向き合いたい。そして、差別をなくす取り組みをしたい。
○家庭訪問などでつぶやかれた当事者の声から、現在の部落や被差別の思いを読み取りた
　い。
○家庭訪問で把握した子どもの実態や課題は、学校で全ての教職員で共有したい。そのこ
　とへの、ふだんの声かけはもちろん、場合によっては親権の問題や、虐待からの避難な
　どの深刻なケースにいたるまで、配慮のある対応をしたい。
○子どもたちはあらゆる場面で生きている。しんどい立場の子どもたちを、学級の核に据
　えていきたい。
○部落外にも、校区に部落のない学校にも、部落の子がいることを忘れずに、同和教育に
　取り組みたい。
○部落の子どもをはじめ、障害のある子どもや外国にルーツをもつ子どもらを核に、その
　当事者に焦点をあて、仲間に寄り添ったり、その思いを感じたり、また自分の課題と重
　ね合わせたりできるよう、取り組んでいきたい。

　小学校編は学級づくりから始めたわけであるが、もちろん中学校においても、高校・大
学においても、児童、生徒、学生や保護者・地域との関わりが礎となっていることを忘れ
ないでほしい。
　小学校でも、部落問題学習に深く取り組むことは大切である。本書では、中学校編から
その実践をつかんでいただければと考える。
　さらに、高校編では、部落問題学習における可能性が追求されている。小学校でももち
ろん、同和教育の可能性を求めていきたい。
　全ての校種から、系統的・横断的にプログラムを読み取っていただければ、また部落問
題学習に取り組むきっかけや参考としていただければ、小学校編を担当した筆者としては
うれしいかぎりである。

「気にしない」から「つながる」へ

部落出身の生徒が、人権学習の時間などで、自ら部落出身であることを表明する場面があります。

たとえば、人権学習の時間があまりに低調で、否定的な発言があったり、同じクラスの生徒たちの無関心な態度が見られるときは、「自分の悔しい気持ちをわかってもらいたい。もっとみんなに考えてほしい」という思いをこめて。また逆に、クラスの生徒が部落問題を真剣に考え、差別をなくそうという意欲の強さが感じられるときは、「このクラスの、このメンバーになら話せる」という信頼をもって。

部落出身であることを表明した場合、「そんなの気にしない」「関係ない」という反応があったとします。悪意をもっての言葉ではなく、ほとんどの場合、「私たちの友人関係は変わらない」「なにも人間関係に支障をきたすものではない」という思いをこめてのものでしょう。

実際、部落出身であることを表明するということは、心震える行為なのです。心だけでなく、声も体も震える。とてつもない勇気をふりしぼって行われることなのです。友人との関係がぎくしゃくしてしまうかもしれない、友人に嫌われるのではないか、クラスのなかで孤立してしまうのではないかという心配、怖さ……それに対して、「関係ない」「気にしない」という言葉を聞いたとき、表明した側はいったいどんな思いをもつのでしょうか。「そうか、気にしてないんだ」と一瞬うれしい……でも

「関係ない」「気にしない」ってなに？ 自分がここまで思いを込めて言ったこと、自分の存在を賭して表明したことに「関係ない」はないだろう、関係はおおありなんだよという切なさ、悲しみ、あるいは怒り……。

「関係ない」「気にしない」は、関係性を断つニュアンスを含んでいないでしょうか。

出身を表明した側は、自分が部落出身であることを互いの関係に位置づけて、より親密な、より深い信頼関係を築きたいという願いをもっているのです。だとすれば、「関係ない」「気にしない」ではなく、どうして話そうという気持ちになったのか、その思いに耳を傾け、互いに考えたこと、感じたことをぶつけ合うことが大切ではないでしょうか。

そのような、プラスに転じていく緊張感のある場面を生み出すには、人権学習の時間のみならず、日ごろの学校生活のさまざまな場面で、相手をまるごと受けとめよう、受けとめたいという雰囲気、素地がかたちづくられている必要があるでしょう。そのような雰囲気が集団にあれば、「自分の大切なことを明らかにしても大丈夫」と思える信頼感が生まれてくるはずです。

「気にしない」「関係ない」ではなく、より深く「つながりあう」関係を、人権を尊ぶ集団、クラスの中心に位置づけたいものです。

〈井上浩義〉

「どこに部落があるの？」との質問にどう答えるか

　地元の小・中学校人権同和教育研修会で、参加されていた行政職の方が、会場の教職員に次のように問われました。

　「『部落ってどこにあるの？』と、子どもから聞かれました。興味本位なら、それは教えられないことだと返答しました」

　「行政職の立場で、人権教育に関わってきたので、それなりに答えられたのだと思います。けれども一般のみなさんが、子どもさんに尋ねられたらどうでしょうか？」

　「先生がたは、生徒たちに教えたことが家庭で、どのように伝わっているのかを、考えたことがありますか？」

　この子どもさんがいる中学校では、特別に部落問題学習をしたり、「立場宣言」をしたりはしていません。教育課程に位置づけられた、日本全国どこの小学校（6年）でも中学校（1・2年）でも行われている社会科・歴史学習で、子どもたちが何気なく感じている疑問です。「どこに部落があるの？」は。

　この疑問に、学校現場が慎重になり過ぎるあまり、「部落問題学習そのものをしない」という声さえ聞きます。上述のように、特別に部落問題学習をせずとも、子どもたちはそのことを知り、疑問をもつのです。ある意味、自然なことです。不自然なわたしたち教員の反応が、「聞いてはいけないこと＝よくないこと」にしてしまっているのでは、とも考えられます。

　本来なら、同和教育によって「地域に誇り」をもつ子どもたちを育てることで、また地域との確かなつながりによる「立場宣言」などで、堂々と「ここが部落である」と子どもたちの疑問に答えるべきです。

　しかし、解放学級の閉鎖、学校の同和教育の衰退により、保護者・地域と話し合う機会、つまりは地域とのつながりが切れてしまっている学校が多いように聞きます。

　この現状で、子どもたちの疑問にどう答えるべきでしょうか。また、校区に部落のない学校でも、慎重に答えてほしいです。

　そこで次のようにしてはどうでしょうか。

・「どこに部落があるんですか」という質問がよくあります。また、うちに帰ってから、おうちの人に聞こうとする人がいてもおかしくないですね。

・どこかを教えることは、そこに住んでいる人たちの個人情報を大切にしないことになるから、知りたいというだけでは教えられません。

・その情報によって、いまなお差別に苦しむ人たちがさらに苦しめられたり、差別が繰り返されたりすることもあるからです。

・その差別を一緒になくしていこうというときは、どこかを知ったほうがいいこともあります。差別をなくすために、一緒に取り組んでくれるとうれしいです。

・おうちの人に聞こうという場合も同じです。差別をなくすために、取り組みたいという気もちがあることを、まず自分に問いかけ、そのことをきちんとおうちの人に告げてからにしてほしいです。

　学習の状況、また子どもたちや地域の実態に応じて、それぞれの教員また学校で、毅然と子どもたちに答えることが大切です。それによって、「知ろうとする＝差別をなくそうとする」子どもたちを育てていきましょう。

〈坂本研二〉

立場を自覚していない部落の子どもをどう支えるか

　私は、小学校教員として現在5校め、そのすべてが校区に部落のある学校です。これまで、「立場の自覚」について、保護者のみなさんと、幾度となく話し合ってきました。

　ある保護者は、「先生、同和教育をそんなにがんばらんといてよ」と言いつつ、「でも、しっかり教えとかなあかんし……、大切なことやし……」とわたしにではなく、わが子の将来を案じて自問自答し、つぶやいていました。それを間近で聞いたことを覚えています。

　いうまでもなく、「そんなにがんばらんといてよ」は本心ではありません。部落問題に向き合い、子どもや保護者に寄り添ってこそ、その本心に近づくことができるはずです。

　解放学級の閉鎖、学校の同和教育の衰退により、「立場の自覚」や「部落問題を学校でどう教えるのか」について保護者・地域と話し合う機会、つまりは地域とのつながりが切れてしまった学校が多いように聞きます。

　同和教育に取り組むうえで大切な、保護者・地域との連携、そしてその願いや思いを知ることができていないのです。

　このような状況で、「部落の子どもを支える」には、まず、学校が校区の部落を、担任がそこに住む子どもを、被差別の当事者として、認識することです。そして、担任をした際、家庭訪問などの機会に保護者と向き合うことです。差別をなくしたいという思いや、同和教育に取り組む確かな意志があれば、保護者の願いや思いに近づくことができるはずです。

　これまで、「差別に出合わないのなら、知らせたくはない」「機会がきたら話すつもりでいる」など、ためらいの声を聞いてきました。

　そのうえで、「立場を自覚してない部落の子どもをどう支える」のか。

　「差別に出合ってからでは、遅いですよね」「（立場の自覚をしていなくても）いま、できることを一緒に考えませんか」と話し合ってきました。次のように。

・ 何でも話し合える（親子）関係を築くことって大切ですよね。つらいことがあったときこそ、それは大切ですよね。

・ もちろん、わたしたち（教員）も、何でも打ち明けてくれる存在になりたいと思っています。

・ そして何より、仲間とつながる力をつけるような取り組みをしていきましょう。

　これらは、部落の子どもたちだけに必要なものではありません。どの子どもにも必要なものです。それを部落の子どもたちが、確実に身につけられるようにしていくことが大切です。一方、この視点で学級づくりをすすめ、どの子どもにも身につけられるようにすることが、部落の子どもにも大切なのです（「小学校　同和教育を核にした学級づくり」64ページ参照）。

　さらに部落問題をめぐる現状から、次のような取り組みを起こしたいと考えています。

　地域とのつながりが弱くなったいま、まず、その再構築を図ることが一つです。

　また、地域と切り離されている部落の子ども・保護者もいます。担任したことなど何らかのつながりを生かし、個として、有志として、「部落の子ども・保護者に寄り添う」ネットワークづくりが考えられます。

　今後、ぜひ取り組みたいです。〈坂本研二〉

社会科の教科書を使って

北谷錦也

１ 中学校現場の悩み──問題意識はあるのだが……

「部落差別は過去のこと？」──教職員の世代交代のなかで

　ここ数年、いくつかの自治体や学校などから声をかけていただいて、私自身の体験をもとに、部落差別、部落問題について一緒に学習させていただく機会が何度かあった。学習会の参加者は、教職員が中心で、どちらかというと年配の方が多いが、そのなかに若い参加者を見かけることもあり、そんな時はとてもうれしくなる。

　そのような学習会のなかで、「部落問題学習に熱心な先生は案外いるが、市・町全体で、学校全体でとなると少し難しくなっている」「ストレートに部落問題を提起すればするほど、ちょっと後ろに引いてしまう参加者がいる」「過去に部落問題を学び知識をもっている人、学んだことのない若い人と参加者はさまざまだが、そのいずれにも『もう部落差別はなくなった』『昔のことだ』『私の回りには、もうない』『聞いたことも、見たこともない』という雰囲気を醸し出している参加者がいる」というようなことを感じるときがある。もちろん地域や学校によって、かなりの温度差はある。

　いま、学校現場では急速な世代交代が進んでいる。私の学校でもあと５年ほどで、「解放学級」での指導経験のある教職員はほとんど退職してしまう。そうなれば地域とのつながりを作るどころではなくなってしまいそうであり、部落問題学習そのものも厳しい状況になってきている。若い先生がたへの「教育実践の引き継ぎ」は、学校教育のあらゆる面での課題となっている。

　だからといって、若い教員がけっして人権教育に不真面目なわけではない。一生懸命に、真面目に取り組んでいる。しかし、知らないことが多く、見えないことが多いのである。それなのに、そのことを先輩教員が丁寧に話をしたり（教えたり）とならない現状が大きな課題だと感じている。

差別は、社会のあり方、自分の生き方に関わる問題──教職員の関心の高い人権課題

　2008 年、2009 年に、兵庫教育文化研究所が行ったアンケート調査によると、兵庫県内の教職員の関心の高い人権課題は、「障害者の問題」や「子ども虐待」「いじめ」など、現在学校現場が直面している喫緊の課題や見えやすい人権課題が上位を占めている。

そのようななか、「同和地区の人々に対する差別の問題」は第3位になっており、部落問題に対する教職員の意識はまだまだ高いといえる。しかし、年代別にみると、「同和地区に対する差別の問題」について、20・30代は40・50代と比べるとかなり関心が低くなっている。これは、若い世代が部落問題に関心がないのではなく、部落差別が見えにくくなり、わからない（わかりにくい）ということではないかと思われる。

いま、都市部でも郡部でも部落や部落差別が「見えにくく（見えなく）」なっている。教職員はけっこう真面目な人たちが多いので、目の前の直接「見える」問題には必死になる。ところが、「見えない」課題にはなかなか取り組まない。自分の課題にはなりにくいのである。たとえば障害児教育との違いが、そこにあるのではないかと思われる。障害をもって生まれてくる子はいつの時代にも一定数存在し、目に「見える」。だから、途絶えることなく取り組みは進む。

もちろん、関心の高い低いやその順位が問題ではない。差別問題、人権課題は、社会のあり方や自分の生き方の根幹に関わる問題である。この「社会のあり方」と自分の関係が、若い先生がたにはわかりにくいのかもしれない。そうであるならば、当然子どもたちには伝わらない。さらにベテランの教師のなかには、部落問題を自分からタブー化している人がいるのではないかと思われる。このような状況では、「同和教育の財産」が若い先生がたに引き継がれることはないのである。

「時間がない」「資料がない」「地区がない」──部落問題学習を妨げるもの

同じ調査で、学校のなかで部落問題学習がやりにくい理由を聞いている。その回答の上位が「時間がない」「適切な教材（資料）がない」「校区内に地区（部落）がない」というものである。これらに続いて、「研修の機会がない」「間違ったことをやりはしないか不安」ということが理由としてあげられている。

「地区（部落）がない」は、部落問題学習ができない理由としてはどうかな（？）と私は思う。部落差別は部落のなかにあるのではなく、部落の外にあるのだから、地区（部落）のあるなしは問題ではないと思っている。子どもたちが身近な問題として考えるという点で、やり方が難しいということなら少し理解できるところもある。そう考えると、2002年の特別措置法期限切れ以降は、地区（部落）のある学校でも解放学級がなくなるなどで同じような難しさを感じているのではないだろうか。そういう点では工夫が必要となっている。

「時間がない」「資料がない」という声は、私の回りでもよく聞くことがある。私の学校でも、17〜18年前の年間計画をみると道徳の学習の時間などのなかで20時間（3年間の合計）の部落問題に関わる学習が計画されていたが、いまの計画では3分の1程度の7時間（3年間の合計）となっている。そのなかで「人権の歴史」「現在の課題（結婚差別など）」などをやるのだから、確かに時間がない。教材にも困っている。特に現在の「部落」「部落差別」を伝える資料がない。解放学級があったころは、解放学級生の作文や地域の人の話

で学習することもでき、自分の身近な問題として考えることができていた。

「ない！　ない！」と言っていても仕方がない。仕方ないどころではなく、差別は現実にあるのだから（「見えない」≠「ない」である！）、いま「ある」ものを活用することが必要である。全ての生徒が持っている教科書、全ての学校に保障されている教科の時間、教科（社会科）との連携や総合の時間（体験活動）を積極的に活用しよう。もちろん道徳の学習の時間も人権の視点でしっかり進めることが大切である。

2　中学校の歴史教科書を使った「人権の歴史」
（『新編 新しい社会 歴史』〈東京書籍、平成28年度、中学校〉を使って）

　それでは、生徒たちがもっている歴史教科書の記述を確認しながら、「人権の歴史」について学習してみよう。

河原者たちの優れた技術──「ケガレ（穢れ）」の差別意識

　部落差別の起源について、かつて私が小・中学校で学んだのは「江戸時代初期に民衆を分裂支配するために政治権力（江戸幕府）によってつくられた」とされる、いわゆる「近世政治起源説」であった。しかし、現在では「鎌倉〜室町時代に社会的に成立していった」とする起源を中世に求める見方が定説になってきている。すなわち、中世からの民衆のケガレ意識により社会的な差別が民衆によって形成されていったのである。

　歴史教科書には、室町文化のページで、次のように記述されている。

> ……龍安寺の石庭のような、石や木をたくみに配置した庭園が造られましたが、これに力を発揮したのは、河原者と呼ばれていた人々でした。
>
> （『新編 新しい社会 歴史』〈東京書籍、平成28年度、中学校〉p.87）

さらに次のような解説が付け加えられている。

> 　中世では、自然の状態を変えたり、死や出血などの通常と異なる事態に関わったりすることを、ケガレと呼んでおそれました。ケガレにふれる仕事や、ケガレを元の状態にもどすキヨメという仕事を職業とする人々は、高度な技術を持ちながらも、おそれられ、差別されていました。鉄の農具を直す鍛冶や、布を染める染色もそのような仕事とされました。
>
> 　河原者と呼ばれた人々は、死んだ牛馬の皮を河原でなめしたり、河原の石を利用して井戸掘りや庭園造りに従事したりして、やはりケガレにふれると見なされていました。皮のなめしは、塩と菜種油を使って皮をやわらかくする優れた技術でした。また、庭園造りにおいても、「天下第一」とたたえられた善阿弥が登場し、厳しい差別

の中で、将軍足利義政に重く用いられました。

（『新編 新しい社会 歴史』〈東京書籍、平成 28 年度、中学校〉p.87）

ここでのポイント

①「ケガレ（穢れ）」を恐れる意識から異なった暮らしをする人々に対する差別意識が生まれた。

● 「ケガレ」と差別の関係（参考：「もののけ姫」）

　登場人物：○アシタカ➡蝦夷（大和民族から蔑視されていた日本の先住民族）の青年。「たたり神」の呪い（死の穢れ）をかけられたため村を追われる。

　　　　　　○タタラ場（製鉄関連施設）で働く人々

　　　　　　・包帯を巻いた人々➡ハンセン病患者とみられる。

　　　　　　・女性たち➡「売られた女たち」とされている。

　　　　　　○エボシ御前➡タタラ場のリーダー、女性　など

　エボシ御前が作り上げた「タタラ場」には、男たちとともに「ふいご」を踏み、鉄を作る「売られていた」女たちや「秘密の場所」で石火矢（武器）を作るハンセン病者たちがともに生活している。彼らの発言から、差別された人々がどのように社会から排除されていたかが垣間見られる。また、エボシ御前は自然を破壊する者として描かれているが、同時に技術力で被差別の人々を束ね、権力に対抗する存在でもある。

（参考：『部落問題学習の授業ネタ―社会科日本史でやってみよう』部落問題学習ネタつくろう会編・発行、2007）

②中世においては、政治的・制度的に固定された差別ではなかった。

③差別されていた人々が民衆文化を築き支えていた。

銀閣と又四郎

　京都の銀閣の造園は、庭造りの名人といわれた善阿弥と子の小四郎、孫の又四郎の三代によって完成されたと言われています。

　その又四郎が、京都・相国寺の僧侶周麟に、次のような話をしています。

　「私は、人々から差別される立場にあることを心から悲しいと思います。だから、生き物の命はちかって奪わないようにしているし、めさきの利益や欲にまどわされないように自分をいましめています」

　この又四郎の話を聞いて、周麟は「又四郎こそ人間である」と言ったそうです。

　龍安寺などの庭園は、「河原者」と呼ばれ当時差別されていた人々が造ったと言われています。当時の人々は、日常とは異なる状態を「ケガレ」ととらえ、人の死、出産、災害、犯罪などとともに、庭園造りも「ケガレ」に関わるものであるととらえら

れていたのです。

（参考：外川正明『部落史に学ぶ』解放出版社、2001）

④今、「ケガレ」意識はどうなのか。「死」や「血」をけがれたものとする習慣や迷信が、現在の生活のなかにないか点検する。

⑤庭園造りや皮なめしの優れた技術を見学・体験（地域によっては可能か）できればさらに学習が広がる（特活や総合の時間と連携）。

江戸時代、ピラミッド型の身分制度はなかった

　小・中学校でピラミッド型の三角形を描いて、上から「士・農・工・商・えた・ひにん」と学んだ人が多いのではないだろうか。私もそのように学び、厳しい身分制度だなと感じた記憶がある。しかし、新しい歴史研究では、上から「士・農・工・商」という身分は江戸時代に存在しなかったといわれている。ピラミッド型の身分制度はなかったのである。

　それでは、江戸時代の身分制度はどのようなものだったのだろうか。江戸時代の初期、江戸幕府は武士と百姓・町人という世襲的な身分制度をつくった。そして、それらの身分以外に、中世の民衆のなかに存在していた「ケガレ」の差別意識を利用して、えたやひにんなどの身分をおいた。それらが、幕藩体制の下で政治的・制度的に固定化する身分制度となっていったのである。

　教科書では、次のように記述している。

　太閤検地や刀狩などによって定まった身分は、江戸時代になってさらに強まりました。身分は、武士と百姓、町人とに大きく分かれ…（中略）…武士は、名字・帯刀などの特権を持ち…（中略）…百姓は、全人口の約85％をしめ……（以下略）

『新編 新しい社会 歴史』東京書籍 p.114）

　百姓、町人とは別に、えた身分、ひにん身分などの人々がいました。えた身分は、農業を行って年貢を納めたほか、死んだ牛馬の解体や皮革業、雪駄作り、雑業などをして生活しました。また、犯罪者をとらえることや牢番などの役人の下働きも、役目として務めました。ひにん身分も、役人の下働きや芸能、雑業などで生活しました。

　これらの身分の人々は、他の身分の人々から厳しく差別され、村の運営や祭りにも参加できませんでした。幕府や藩は、住む場所や職業を制限し、服装などの規制を行いました。これによって、これらの身分の人々に対する差別意識が強まりました。

（同、p.115）

　江戸時代の身分制度では、武士と百姓（農村に住む人）、町人（町に住む人）の３つの身

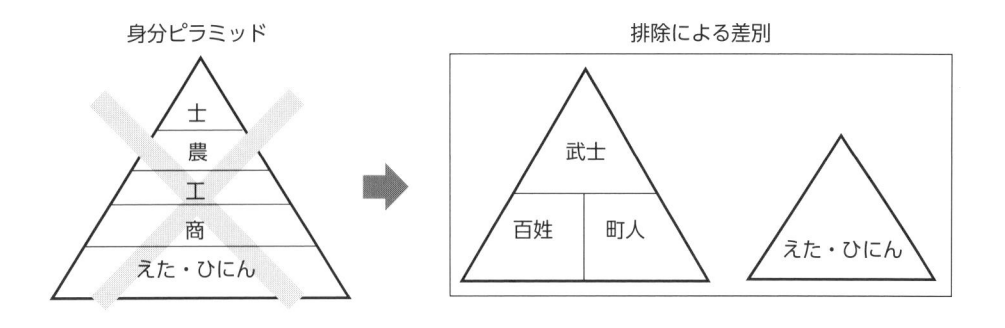

身分ピラミッド　　　　　　　　　　　　排除による差別

分が中心となっており、百姓と町人の間には上下関係や身分の差はなかったのであった。えた身分やひにん身分は、武士・百姓・町人と同じ社会に属しながら、社会の「最底辺」（ピラミッドの底辺）ではなく、社会から「排除」される存在であった。えた身分やひにん身分の人々は、「排除」による差別を受けていたのであった。

　しかし、このような差別を受けていた人々と百姓・町人の間には、生活上の格差はほとんどなかったといわれている。えた身分の人々は農業も行い、年貢も納めていた。えた身分の人々のなかには、広い田畑を所有する者や、皮革業や雪駄づくりの仕事で豊かになる者もいたといわれている。差別を受けながらも助け合いながら生活を高めていき、村の人口の増加もみられ、他地域との交流も広く行われていたのである。

　私は、小・中学校では「えた・ひにん身分の人々は、人の嫌がる仕事につかされ、人の住めないところに住まわされ、農業もできず、貧しく人間以下の生活を強いられていた」など、悲惨な生活をしていたと学んだが、そんなことはなかったのである。江戸時代の後期には、百姓・町人の生活が苦しくなるなか、むしろえた身分の人々の経済力がより大きくなり、幕府や各藩は身分制の引き締めをするようになったのであった。

　そのあたりが教科書には次のように記述されている。

> 　18 世紀なると…（中略）…百姓一揆…（中略）…打ちこわしが起こりました。これに対して幕府や藩は、えた身分、ひにん身分の人々に対して、日常生活や服装で、さらに統制を強め、百姓一揆をおさえるために、農民と対立させることもありました。このような中でも、これらの差別された人々は、助け合いながら生活を高めていき、人口の増加も見られました。
> 　　　　　　　　　　　　　　　　　（『新編 新しい社会 歴史』東京書籍 p.127）

　このような差別強化に対して、差別されていた人々は黙って従っていたわけではなかった。教科書には、次のような解説が付け加えられている。

渋染一揆
　財政難に苦しんでいた岡山藩は、1855 年、領内に 29 か条の倹約令を出しました。

その中には、えた身分だけに出された命令があり、衣類を渋染か藍染に限るなど、百姓と別あつかいにするものでした。

　かれらは、農業も行い、年貢も納めているのに、このような差別は我慢できないと、領内 53 か村が嘆願書を出しました。そのうち約半分の村から千数百人が立ち上がり、藩の役人と交渉し、ついに嘆願書を受理させました。このため、藩は倹約令を実施しませんでした。

（『新編 新しい社会 歴史』東京書籍 p.133）

ここでのポイント

①江戸時代の身分制度は、上からの「士・農・工・商」という 4 つの身分と、さらに低い身分としてえた・ひにん身分がおかれていたというような上下関係（ピラミッド型の身分制度）ではなかった。

◉小学校教科書『新しい社会 6 年 上』（東京書籍 平成 27 年 p.83）の「厳しく差別されてきた人々」との関連などにふれ、小学校での学習と結ぶ。

厳しく差別されてきた人々

　百姓や町人とは別に厳しく差別されてきた身分の人々は、仕事や住む場所、身なりを百姓や町人とは区別され、村や町の祭りへの参加をこばまれるなど、厳しい差別のもとにおかれ、幕府や藩も差別を強めました。

　これらの人々は、こうした差別の中でも、農業や手工業を営み、芸能で人々を楽しませ、また治安などをになって、社会を支えました。　（『新しい社会 6 年 上』東京書籍 p.83）

◉差別された人々が従事した仕事（職業）を調べてみる（紹介する）（参考：『絵本 もうひとつの日本の歴史』解放出版社、2007）。

②えた・ひにん身分の人々は、「人間の下」や「社会の最底辺」ではなかった。社会（世間）の「外」におかれるという「排除」による差別を受けていた。

③江戸時代に、以前から人々のなかにある「ケガレ」などの差別意識を基盤に身分制度が政治的・制度的に確立され固定化されていった。

④えた・ひにん身分の人々は差別のなかでも、農業を行い、年貢を納めるなど、生活上・経済上、百姓・町人との格差はほとんどなかった。他地域との交流も広く行われていた。

⑤差別された人々のなかには、皮革業や雪駄づくりなどに優れた技術をもち、これらの仕事により豊かな経済力をもつ者も多くいた。

◉上記のように教科書には、差別された人々の生産と労働、生活や文化への貢献などについての記述がある。「差別された人々＝貧困・低位」という固定観念化された考え

方を修正していくことが重要。

◉小学校教科書『新しい社会6年 上』（東京書籍 p.94）の「医学を支えた人々」「解体新書」との関連などにふれ、小学校での学習と結ぶ。

医学を支えた人々

　玄白があらわした「蘭学事始」という本には、「解体新書」をほん訳した苦心と、人体の解剖を初めて見たときの感動が記されています。

　玄白は、解剖を見学したとき、見比べていたオランダ語の解剖図が正確にかかれているのにおどろいた、と書き残しています。

　また、このとき解剖をして内臓の説明をした人は、身分制度のもとで百姓や町人とは別に厳しく差別されてきた人でした。このような人が、すぐれた解剖の技術を生かして、このころの医学を支えていました。

　　　　　　　　　　　　　　　　　　　　　　　（『新しい社会6年 上』東京書籍 p.94）

---

⑥江戸時代後期、幕府や藩は身分制の引き締めをはかり、えた・ひにん身分の人々に対して、髪型・服装などの統制を厳しくした。そのため、人々の間に差別意識がいっそう浸透していった。

⑦幕府や藩の差別強化に対して、差別されていた人々は黙って従っていたわけではなく、なかには差別政策の撤回を求め団結して立ち上がった人々がいた。

◉「渋染一揆」などを通じて、差別のなかにあった人の思いを知り、差別と闘い、乗り越えてきた生き方に学ぶ（参考：渋染一揆資料館〈岡山県岡山市中区神下〉）。

学習活動・学習内容	予想される生徒の反応	指導上の留意点
○教科書（100-101ページ）の資料1（写真）を見て、武士・百姓・町人の身分があったことをイメージさせる。 江戸時代にはどんな人が暮らしていたのかな 資料2の円グラフで一番人口が多いのはどの身分だろう ○現在の日本の人口（1億2000万人）や自分の町の人口で考えると、武士・百姓・町人は何人ぐらいになるか計算し、身分別の人口割合をイメージさせる。	○武士がいる。鎧を着ている。勉強しているのかな。 ○農民（百姓）がいる（田植えをしている）。 ○家を建てているようだ。大工さんや畳屋さん（職人）がいる。 ○お店のようだ。商人がいる。 ○農民が多い。 ○今とちがって、農業が中心だったんだ。 ○こんなに少ない武士が支配していたんだ。 ○少ない武士が、人口の多い農民や町人に年貢を納めさせていたんだ。	○資料から感じたことを積極的に発表させる。 ○江戸時代には大きく分けると武士・農民（百姓）・町人・差別された人々の身分があることをおさえる。 ○大工さんや畳屋さんなどの職人は町人、漁師やきこり（林業）は農民に含まれることを伝える。 ○武士が少なく、農民が多いことを実感させる。 ○武士の生活は農民の年貢によって支えられていたことを知らせる。
○この学習のめあて（ねらい）を知る。 江戸幕府はどのようにして人々を支配していたのか	○武士はどんなやり方で納めさせたんだろう。 ○農民や町人は、なぜ従ったんだろう。 ○差別された人々は、どのような人で、どのような暮らしをしていたのだろう。	○武士の支配する世の中であったことを知り、さまざまな身分がおかれた意味を考えるよう伝える。
○資料（3〜5）や本文から、武士・百姓・町人にどのようなきまりや仕組みが作られていたか、班で調べさせる。 幕府はどのようにして百姓を支配していたのだろう ○五人組について考えさせる。 幕府は、なぜ百姓に対してこんな要求をしたのだろうか	○武士は名字・帯刀などの特権を持っていた。 ○町人は町ごとに自治を行っていた。 ○百姓も有力者を中心に自治を行っていた。 ○自分たちで村を運営し、田植えなどで協力していた。 ○百姓には、衣服の規制やお茶やお酒を飲んだらいけないというお触れが出ていた。 ○百姓はかわいそうだ。自由がない。 ○百姓には五人組の制度があった。 ○大多数の農民が反抗するのが怖かったから、これだけ厳しく取り締まろうとしたんだろう。	○武士、百姓、町人ごとにまとめさせ、発表させる。 ○生徒から発表が出ない事柄を補足する。 ○町でも村でも、役人を決め（統治組織）、基本的に自治を行っていたことに気づかせる。 ○大多数の百姓を支配し、年貢を納めさせるために、いろいろなきまりや仕組みがあったことに気づかせる。

○資料6や別資料をもとに、えた身分やひにん身分の人々の生活について説明する。 差別された人々は、どのような生活をしていたのだろうか	○農民や町人から差別された人々がいたんだ。 ○服装や村の運営、祭りの参加などで厳しい制約を受けたんだ。 ○身分によって住む場所まで決められていたんだ。 ○手工業等、いろんな仕事をしていたんだ。 ○同じように年貢を納めていたのに、差別されて苦しんだ人がたくさんいたんだろうな。 ○このころに差別される仕組みができたんだな。	○中世のケガレ意識による差別と江戸時代の身分制の共通点と違いを理解させる。 ○別資料『絵本 もうひとつの日本の歴史』（解放出版社）などを用いて、さまざまな仕事をしていたことを知らせる。 ○差別された人々は、さまざまな制約を受けながらも、農業をして年貢を納めていたこと、雪駄作りや皮革業等の手工業、芸能や治安などを担って社会を支えていたことに注目させる。 ○当時差別された人々が、百姓より貧しかったとは言えないことも押さえておく。
○この学習を振り返り、江戸時代のさまざまな身分とその暮らしについてまとめさせる。	○武士の支配を確立するために身分による支配をかためた。 ○身分ごとにきまりや制約があり、仕事で休憩する場所まで決められた。 ○それでも、差別された人々は、いろんな工夫や優れた技術で社会や文化を支えた。	○江戸時代の身分制度について考え、その矛盾について考えさせる。

えた身分・ひにん身分 約1.5%
公家、神官・僧侶、その他 約1.5%
町人 約5%
武士 約7%

総人口 約3200万人（推定値）

百姓 約85%

↑②身分別の人口の割合（関山直太郎「近世日本の人口構造」） グラフは江戸時代後期のものですが、江戸時代中期から、人口は大きく変化しませんでした。

身分によってどんなちがいがあるのかな。

■①身分のちがい（士農工商風俗図屏風　東京都サントリー美術館蔵）　武士（Ⓐ）は特権として名字を名乗り、大小の刀を持つことが認められました。百姓（Ⓑ）は農業や漁業、林業などで生活し、町人（Ⓒ、Ⓓ）は商工業に従事しました。

② さまざまな身分と暮らし

江戸幕府はどのようにして人々を支配したのでしょうか。

武士と町人

太閤検地や刀狩などによって定まった身分は、→p.108 江戸時代になってさらに強まりました。身分は、武士と百姓、町人とに大きく分かれ、江戸や大名の城下町には、→p.85 武士と町人が集められました。武士は、主君から領地や米で支給される俸禄を代々あたえられ、軍役などの義務を果たしました。武士は、名字・帯刀などの特権を持ち、支配身分として名誉や忠義を重んじる道徳意識を持つようになりました。これは「武士道」とも呼ばれます。 5

町人は、幕府や藩に営業税を納め、町ごとに名主などの町役人が選ばれて自治を行いました。町の運営に参加できるのは、地主や家持に限られていました。多くの借家人は日雇いや行商などで→p.83④ 暮らし、商家の奉公人や職人の弟子は、幼いときから主人の家に住みこんで仕事を覚え、独立を目指しました。 10

村と百姓

百姓は、全人口の約85%をしめ、生活は自給自足に近いものでした。百姓には、土地を持⇨p.278 つ本百姓と土地を持たず小作を行う水のみ百姓との区別があり、⇨p.277 有力な本百姓は、庄屋（または名主）や組頭、百姓代などの村役人 15

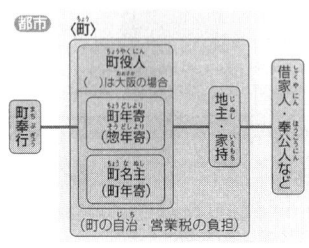

【都市】〈町〉

町奉行 ─ 町役人（　）は大阪の場合
町年寄（惣年寄）
町名主（町年寄）
（町の自治・営業税の負担）
─ 地主・家持 ─ 借家人、奉公人など

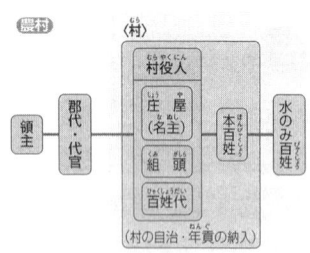

【農村】〈村〉

領主 ─ 郡代・代官 ─ 村役人
庄屋（名主）
組頭
百姓代
（村の自治・年貢の納入）
─ 本百姓 ─ 水のみ百姓

↑③都市（上）と農村の支配の仕組み

この見開きの時期▼

世紀	BC.AD 1	2	3	4	5	6	7	8	9	10	11	12	13	14	15	16	17	18	19	20	21
縄文	弥生			古墳				平安					鎌倉	室町			江戸			明治 昭和 平成	

飛鳥　奈良　南北朝 戦国 安土桃山　　大正

中学校

　―　朝は早く起きて草をかり、昼は田畑の耕作をし、晩には縄をない、俵を編み、それぞれの仕事に気をぬくことなくはげむこと。

　―　酒や茶を買って飲まないようにせよ。

　―　百姓は雑穀を食べ、米を多く食いつぶさぬようにせよ。

　―　百姓の衣類は、あさと木綿に限る。

（部分要約）

←**④百姓の生活心得**　幕府が1649年に出したと伝えられる32条の触書で、百姓の生活の細部まで規制しています。

↑**⑤年貢納め**（円山応挙筆　七難七福図巻　京都府　相国寺蔵）　百姓が納めた年貢を、武士が立ち会って量り直しています。百姓には年貢のほか、労役も課されました。

になり、村の自治を行い、年貢①を徴収して領主に納めました。年貢は、主に米で取り立てられました。幕府や藩は、村の自治にたよって年貢を取り立て、財政をまかないました。幕府は、安定して年貢を取るため、土地の売買を禁止したり、米以外の作物の栽培を制限したりするなどの規制を設けました。また、五人組の制度を作り、犯罪の防止や年貢の納入に連帯責任を負わせました。

　百姓は林野や用水路を共同で利用し、田植えなども助け合って行い、しきたりや寄合で定められたおきてを破る者には、葬式など以外には協力しない村八分というばつがあたえられました。

厳しい身分による差別　百姓、町人とは別に、えた身分、ひにん身分などの人々がいました。えた身分は、農業を行って年貢を納めたほか、死んだ牛馬の解体や皮革業、雪駄作り、雑業などをして生活しました。また、犯罪者をとらえることや牢番などの役人の下働きも、役目として務めました。ひにん身分も、役人の下働きや芸能、雑業などで生活しました。

　これらの身分の人々は、他の身分の人々から厳しく差別され、村の運営や祭りにも参加できませんでした。幕府や藩は、住む場所や職業を制限し、服装などの規制を行いました。これによって、これらの身分の人々に対する差別意識が強まりました。

女性への教え

　江戸時代に広く読まれた「女大学」という書物には、女性の務めとして、結婚したら夫やその親に従うことなどが教訓として書かれていました。女性は子を産み、家を守ることだけが期待されていたのです。こうした教えはありましたが、実際には、農村では女性は重要な働き手で、都市でも大名屋敷などに勤め、自立する女性もいました。

❶年貢の率は四公六民（石高の10分の4を年貢として取ること）や五公五民という重いものでしたが、生産力の向上にともない、次第に軽いものになりました。

↑**⑥雪駄作り**（大阪人権博物館蔵）　雪駄は、江戸時代には高価でしたが、人気のあるはき物でした。材料に竹の皮と牛や馬の革が使われており、主に、差別されていた人々によって作られていました。

　町や村の政治はどのように行われていたのか、次の語句を使って説明しましょう。　[庄屋(名主)／村役人／自治]

2節　江戸幕府の成立と鎖国　**115**

1871年8月28日太政官布告（いわゆる「解放令」）と部落差別

1871（明治4）年、明治政府は、えた・ひにんの呼び名を廃止し、身分・職業ともに平民同様とする布告（いわゆる「解放令」）を出した。この「解放令」は、江戸時代の身分制度を法律上廃止したという点では画期的なものといえる。しかし、法律上江戸時代の身分制度を廃止し、住む場所や職業の制限をなくし平等を宣言したものの、実際には被差別部落の人々を差別から解放するための具体的な制度・施策を伴うものではなかったのである。

「解放令」については教科書には次のように記述されている。

　1871年には、これまで、えた身分やひにん身分として差別されてきた人々に関して、呼び名を廃止し、身分や職業も平民と同じとする布告（いわゆる「解放令」）が出されました。しかし実際には、この後も、職業、結婚、住む場所などの面で差別は根強く続きました。これに対して、「解放令」をよりどころにしながら、差別からの解放と生活の向上を求める動きが各地で起こりました。　　　（『新編 新しい社会 歴史』東京書籍 p.161）

この本文に続き、教科書では「解放令から水平社へ」という特設ページが設けられ、次のような記述がみられる。

「解放令」（1871年8月28日太政官布告）
　えたひにんの称を廃し身分職業共平民同様とす。

「解放令」とその後

　1871年（明治4年）9月5日、大阪府庁は、いわゆる「解放令」を府内の町や村に伝えました。

　A村の人々も、大きな喜びでこれをむかえました。…（中略）…A村は、大阪府庁に小学校の建設を願い出て許可されています。長年の差別を、教育の力ではねのけようとしたのでした。

　一方、大商人も、「解放令」を歓迎しました。大商人たちは、江戸時代まで被差別部落の主要産業であり、大きな利益を上げていた皮革産業への進出をねらっていたのです。「解放令」の「身分職業共平民同様とす」という言葉は、だれでも皮革産業に参入できることを意味していました。これ以降、大商人たちは、巨大な資金力を背景に、各地で皮革産業の経営に乗り出していきます。

　こうした中で、被差別部落の皮革産業は、次第に衰退し、生活が苦しくなっていきますが、これに拍車をかけたのが、1880年代の「松方財政」でした。

生活の窮乏化 （部分要約）

「大阪府 C 村に付属する 120 戸余りの被差別部落住民のうち、毎日の食べ物にも差し支えるものが、240 名余りもいるとのことで、このほど近隣の 2、3 か村で話し合い、今月からの 4 か月間、1 日おきに一人あたり白米 1 合ずつを救援することに決定した」　（「日本立憲政党新聞」1885 年 5 月 13 日）（『新編 新しい社会 歴史』東京書籍 p.190）

さらに次のような記述が続く。

部落改善運動の始まり

　三重県の B 村は、1889 年 4 月、三つの被差別部落が合併して生まれました。被差別部落の側は初め、被差別部落以外の 2 か村を加えた、5 か村による合併を求めていました。ところが役所は、「元のえた身分の多い村々がとなり村と合併すれば、人民の折り合いが悪くなる」として、被差別部落だけの合併を決定してしまったのです。

　B 村の有力者たちは、被差別部落の側に風紀上の問題があったとして、「規約」を作成し、村人に風紀を正すことを求めました。この規約は、…（中略）…などを求めています。

　このころ被差別部落の生活は、厳しさを増していました。差別によって就労の機会は限られ、生活環境はどんどん悪化していきます。それを切りぬけるために、子どもたちが働きに出て、家計を支えていましたが、当然、学校へ行くことができません。その結果、就労の道はさらにせまくなってしまいます。部落改善運動は、こうした状況を何とか打破しようと、被差別部落の内部から始められました。

　しかし、被差別部落の人々には、生活のすみずみまで規制しておし付ける「改善運動」に、反発も少なくありませんでした。こうした反発が、全国水平社の結成へとつながっていきます。　（『新編 新しい社会 歴史』東京書籍 p.191）

　「身分職業共平民同様」という名のもとに、それまで被差別部落の人々の権利としてあった死牛馬の処理や皮革産業など数々の部落産業の仕事も大資本によって奪われていった。また、生活苦のなかで、農業をやっていた人々も、田畑を失い、しだいに小作化していくようになったのであった。

　さらに、1872（明治 5）年に交付された「学制」により、満 6 歳になった男女を全て小学校に通わせることが義務になり、全国各地で小学校が造られた。この建設費は地元の人々の負担であり、授業料も家庭の負担であった。そのようななかでも、多くの村々で学校がつくられた。なかには、数カ村が合同して学校を作っていくこともあったが、被差別部落の人々は、厳しい差別を受け、学校教育から排除されるということも起こったのであった。このような差別が、被差別部落の人々の進学や就職を長年にわたり困難にしてい

くことになるのである。

　そして、被差別部落の人々の生活苦にさらに追いうちをかけたのが1880年代の松方財政（松方デフレ）であった。そして、被差別部落の貧困の状態が、周囲の人々の被差別部落への差別意識をさらに強めるもとにもなっていったのであった。

　教科書には、次のような課題が設けられている。

> 　「解放令」が出された後の、被差別部落の人々の生活について、「解放令」があたえた影響から整理してみましょう。　　　　（『新編 新しい社会 歴史』東京書籍 p.191）

ここでのポイント

①「解放令」は差別を廃止したものではなく、部落差別を解消し、被差別部落の人々を真に解放する具体的な制度・政策を伴わなかった。

②明治政府による急激な変化への不満と差別意識から、解放令反対一揆が起こった。

③近代の資本主義の発展のなかで、「職業選択の自由」により、被差別部落の人々は産業を奪われ、貧困化が急激に進んだ。このことにより、これまでの「ケガレ」「排除」による差別意識に、「貧困」「格差」による差別意識が加わり、厳しい部落差別の実態があらわれるようになった。

④貧困により差別されるなかで、差別の原因が部落内にあるとし、自分たちの力で生活を改善していこうとする部落改善運動が起こった。そのなかで特に力を入れられたのが子どもたちの教育であった。

人の世に熱あれ、人間に光あれ

　1922年3月3日、「全国に散在する吾が特殊部落民よ団結せよ」で始まり「水平社は、かくして生まれた。人の世に熱あれ、人間に光あれ」で結ばれる「水平社宣言」が京都岡崎公会堂で読み上げられ、全国水平社が創立された。

　教科書では、水平社の創立について次のように記述するとともに、「山田少年の訴え」を資料として記載している。

> 　部落差別に苦しむ被差別部落の人々も、政府にたよらず、自力で人間としての平等を勝ち取り、差別からの解放を目指す運動（部落解放運動）を進めました。1922年に

京都で全国水平社が結成され、運動は全国に広がっていきました。

　北海道では、差別に苦しむアイヌ民族の解放運動も起こり、1930（昭和5）年には北海道アイヌ協会が結成され…（以下略）　　（『新編 新しい社会 歴史』東京書籍 pp.208-209）

　水平社の創立については、教科書では第一次世界大戦中の日本国内の好景気とその後の物価上昇と米騒動、民衆運動の発展という流れのなかで登場する。この時期は国際的にも民族運動や独立運動が高揚していく時代であった。

　上記のような第一次世界大戦後の内外の状況を背景に、米騒動を契機とした大正デモクラシーの動きのなかで、差別されてきた人々は、多くの困難や苦しみを乗り越え団結し、自分たちの力で差別からの解放を求めて立ち上がったのであった。その中心にいたのが、西光万吉や阪本清一郎、駒井喜作らの青年たちだった。この動きは、全国に広がり各地で水平社が設立されていくのである。このような動きのなかで、自信と勇気を取り戻した差別されてきた人々は、「差別に対する徹底的糾弾」の闘いを進めていった。それまでは、目の前で差別が行われていても、黙って耐えることしかできなかった人々が、水平社の設立により、多くの仲間の存在を知り、自信と勇気をもって自らの存在と尊厳を訴えていったのであった。

　しかし、こうした「糾弾」をその行動だけをとらえ、「集団で押しかけてくる」「部落の人は怖い」など、差別意識を増加させる人々も「世間」には多くいたのであった。

　一方、当時の日本政府は、中国をはじめアジア諸国への侵略（教科書では「侵略的行為」と記述）を進め、国内では民主主義を求める人々への弾圧を強めていった。日本の国全体が戦争へと向かうなかで、水平社運動もかたちを変えざるをえなくなり、1942年1月に消滅してしまうのである。

ここでのポイント

①解放令が出されて50年が過ぎても、仕事や生活、教育において厳しい差別があった。

②差別されていた人々が、厳しい差別に負けず自分たちの力で差別をなくそうと結成したのが水平社であった（参考：水平社博物館〈奈良県御所市柏原〉）。

③水平社創立の前後、日本では労働争議や小作争議がしきりに起こり、社会運動が活発になっていたことにふれ、部落解放運動だけでなくアイヌ民族の解放運動や女性解放運動などが起こった時代であることにもふれる。また、その動きのなかで1925年には日本で初めての普通選挙法が成立されたことや運動を取り締まることを目的に制定された治安維持法も紹介し、水平社創立の時代背景についても知らせるようにする。

④悩みながら立ち上がった青年たちの思いが多くの人々に勇気を与えたことを知る。

　●「水平社宣言」「山田孝野次郎少年の訴え」

⑤ケガレ意識による「排除」に加え、明治以降の急速な資本主義化のなかで、被差別部落は環境・教育・就労などが劣悪となり、「貧困」「格差」による厳しい差別を受けるようになっていった。このような厳しい差別実態を社会問題としてとらえ、その社会的解決をめざしたのが水平社に始まる解放運動であった。それゆえに運動は全国へ、社会へ広がっていった。

◉全国各地域で創立された水平社について、自分の住む地域を調べてみる。

　例）兵庫県でも、1922 年 11 月に水平社が創立されている。

⑥「部落の人は怖い」などと関連のある「糾弾」の本当の意味を被差別の人々の苦しさと願いから考える。

個人の尊重（個人の尊厳）──日本国憲法の制定

　1945 年、アジア・太平洋戦争が日本の敗戦で終了した。そこから日本の民主化が始まるのである。民主化の中心は新しい憲法「日本国憲法」の制定であった。新しい憲法は、国民主権・基本的人権の尊重・平和主義（戦争の放棄）の 3 つを基本原則としている。この基本原則は、立憲主義を確立していくために不可欠なものであり、人類にとって普遍の原理である。なかでも、基本的人権は人が生まれながらにもつ自由や平等の権利であり、憲法13 条には、「すべて国民は、個人として尊重される。生命、自由及び幸福追求に対する国民の権利については、公共の福祉に反しない限り、立法その他の国政のうえで、最大の尊重を必要とする」とあるように、「個人の尊重」（個人の尊厳）がその根本となっている。

　また、憲法 14 条では、全て国民が法の下で平等であることを確認して、さらに人種、信条、性別、社会的身分などを理由に差別されないと定められた。歴史上繰り返されてき

た不当な差別を例にあげ、平等を保障したのである。人の生まれや性別、肌の色、心身の障害などの理由で差別を受け、不利益を被ることは、「個人の尊重」から許されないことが確認されたのであった。すなわち、人は人間として生きる価値がある点では、誰もが同じであるとともに、一人ひとりが個性ある存在として（人はみな違う）、その多様性を認め合い、受け入れる社会（共生社会）をめざしているのが日本国憲法なのである。日本国憲法のもとでは、部落差別をはじめあらゆる差別が許されないのである。

ここでのポイント

①基本的人権には、自由権、平等権、社会権、参政権、請求権などがあることを知る。
②憲法 25 条では、「健康で文化的な生活」（生存権）が保障されていることを知る。
③日本国憲法の基本的人権の尊重から部落問題を考え、自分との関わりを考える。

部落差別の撤廃は、国民的な課題

戦後の民主化、経済の復興・高度成長のなかで、被差別部落は取り残されていった。戦後の部落解放運動はここから始められていくのである。1951 年に起きたオール・ロマンス事件への糾弾闘争運動や 1961 年から始まる教科書無償化運動などがこのころに進められている。部落の実態、子どもたちの実態から、住環境改善、子どもたちの学力保障・進路保障、就職差別の撤廃を求める運動へと進んでいったのであった。

部落解放運動の高まりのなか、1965 年、同和対策審議会答申が出され、1969 年には同和対策事業特別措置法が制定されたのである。

教科書では、日本社会の課題をあげるなかで、部落差別についても次のように記述している。

> まず重要なのは、人権の尊重です。部落差別の撤廃は、国や地方公共団体の責務であり、国民的な課題です。
> （『新編 新しい社会 歴史』東京書籍 p.262）

さらに、次のような解説が付け加えられている。

> 部落差別の問題（同和問題）は、長い間の部落解放運動の発展を基礎として、1965（昭和 40）年に国の同和対策審議会の答申がなされて以来、特別措置法に基づく対策事業によって改善されてきました。現在は、引き続き、教育の充実、職業の安定、産業の振興といった面での改善、人権教育や人権啓発などの推進が図られています。
>
> （『新編 新しい社会 歴史』東京書籍 p.262）

同和対策事業特別措置法は、10年の時限法として制定され、3年間の延長後、1982年に地域改善対策特別措置法、1987年には地対財特法へと引き継がれ、2002年の期限切れにより、同和対策の特別措置は終了した。この間、公営住宅の建設など、住環境の改善の取り組みをはじめ、奨学金制度、同和加配教員など、子どもたちの学力保障・進路保障の取り組みが行われたのであった。

　特別措置法による取り組みは、環境改善や高校の進学率の向上などにおいて、大きな成果をあげた。しかし、部落問題が解決されたわけではなかったのである。いまなお、「身元調査」など、結婚などでの差別がみられる。また、差別落書きやインターネットを悪用した誹謗中傷などの差別事件も後を断たないのである。

　差別が残存するなか、2002年の特別措置法の期限切れ以降、地域の暮らしは厳しさを増したとの声もある。学校現場では、同和加配がなくなるなど、教育条件面での制約が大きくなった。解放学級がなくなった地域もある。奨学金制度がなくなり、進路保障の経済的裏付けも弱まった。地区指定がなくなったため、部落の名前をあげての学習ができなくなり、部落問題学習がやりにくくなったとの声も聞こえてくる。

　しかし、「差別の現実から深く学ぶ」という原則が変わったわけではない。差別が見えにくくなったいまこそ、差別の具体的な現実から学ぶことが大切だといえるのである。

■ ここでのポイント

①日本国憲法と同和対策審議会答申が、部落差別を解消し、被差別部落の人々の解放をめざす本当の「解放令」ととらえ、その意味・役割を考える。

②日本国憲法制定後の部落差別の実態や、水平社の運動を引き継ぎ、差別をなくそうとする運動が広がっていったことを知る。

- ●「教科書無償化運動」「統一応募用紙」「解放学級」「識字学級」などの取り組みを通じて、差別のなかにあった人の思いを知り、差別の原因を社会的にとらえるとともに、差別を乗り越えようとする生き方や運動から、差別問題の社会的解決を考える。

- ●中学3年生の進路指導のなかで、「統一応募用紙」の様式を確認するとともに、その意味や面接での質問内容についても考えてみる。

- ●面接では、本人の「やる気」「能力」などと関係のない質問はしてはいけないことになっている。

> **参考：面接で聞いてはいけない質問の例**
>
> (1)　本籍地、住所環境に関する質問
>
> 　①本籍地（出身地）はどこ？
>
> 　②生まれてからずっといまの家に住んでいるの？
>
> 　③自宅は○○町のどのあたりですか？

④お父さん、お母さんの出身地はどこですか？

(2) 家族・家庭状況に関する質問

　①兄弟（姉妹）は何人？　何をしているか、職業は？　家族構成は？

　②お父さん、お母さんの学歴は？

　③お父さん（お母さん）の死因は？

(3) 家族の職業・資産に関する質問

　①お父さん、お母さんの職業は？　勤務先、役職は？　収入はどれくらい？

　②実家の家業は何ですか？

　③学費は誰が出したか？

　④家や持ち家か、借家か？　部屋数は？　自分の部屋があるか？

(4) 思想・信条に関する質問

　①あなたや家族の支持する政党は？

　②家の宗教は？

　③愛読書（誌）は？　何新聞を購読していますか？

(5) 男女差別、セクハラなどにつながる質問

　①彼氏（彼女）はいるの？

　②結婚の予定はいつ頃？　結婚、出産しても働き続けますか？

　③血液型・星座は？

③同和対策事業特別措置法について、明治以降の「格差」がつくられてきたいきさつをふまえ、同和対策事業や奨学金制度、解放学級などの事業の意義を考える。また、「逆差別論」「寝た子を起こすな論」などとの関連を考える（参考：本書各コラム欄）。

④答申後の法律、事業の流れを整理しておく。

1965 年 8 月	同和対策審議会答申
1969 年 7 月	同和対策事業特別措置法
1982 年 4 月	地域改善対策特別措置法
1987 年 4 月	地域改善対策特定事業に係る国の財政上の特別措置に関する法律
2002 年 3 月	同法　失効

●特別措置法は、1969 年から 2002 年の 33 年間続いたことを知るとともに、2000 年 12 月に制定された「人権教育及び人権啓発の推進に関する法律」にもとづいて、その後も教育・啓発が進められていることを知る。

⑤部落問題のもっている歴史性や社会性を正しく理解し、「世間」がもっている予断や偏見、差別意識を解いていくためにも、歴史を学ぶ重要性を伝える。

⑥同和問題の解決が、行政の責務であり国民的課題であると指摘した同和対策審議会答申から50年以上が経とうとしているのに、ネットを使った新たな手法による差別をはじめ、いまだに「国民的課題」になりえていない現実がある。これらを許している社会を改善するためにも、部落に対する偏見や差別意識を解いていく学習の重要性を伝える。

⑦いま起こっている問題（差別落書きやネットへの書き込み、結婚差別や身元調査）につなげ、自分の問題として、いまの社会の問題として考える。そのなかで、人権学習や差別をなくす取り組みが、自分の幸せや社会の発展につながることが感じられる授業づくりに努める。

⑧「本人通知制度」の取り組みについても知らせる。

本人通知制度とは

　市町村が、住民票の写しや戸籍謄本などを代理人や第三者に交付した場合に、事前に登録した人に対して、証明書を交付したことを知らせる制度です。これにより住民票の写しや戸籍の証明書が第三者に交付されたことを本人が知ることができ、委任状の偽造や、弁護士、司法書士、職務上請求が認められている人による不正な請求の早期発見につながります。

　多くの人が登録することにより、不正取得の未然防止にもつながっていきます。

3　歴史を学ぶのは？──今を考え、未来を語ろう

　歴史の学習を始める前に、子どもたちと「何のために歴史を勉強するのか？」という話をよくする。子どもたちからは、「歴史は面白い」「とくに戦国時代が好き。信長や秀吉が好き」とか、「覚えること（暗記）が多くて歴史（社会）は嫌い」「昔のことを覚えて何の役に立つの？」など、社会科教員の私には少し厳しい意見も出てくる。そのような話の最後に、私はこのように話をする。「歴史（過去のこと）を学んで、いまの社会や私たちの生活について考えましょう。そして、私たち自身の将来や社会の未来について語りましょう」と。このことは、中学校1年生には難しいようで、何を言っているのか？　というよ

うな顔も見られるが、子どもたちに話しながら自分自身に確認している。歴史を過去のことで終わらせるのではなく、いまの課題を考える、未来の社会を考える「鍵」にしようと確認している。

著者の授業風景

部落史や人権の歴史についても、歴史的事実をおさえれば部落問題については大丈夫ということにはならない。いまの差別の実態や課題とつなげ、解決のために「私にできること」などを考え、意見交換ができるようにしていきたいと思っている。そのためにも、差別のなかを生き抜いてきた人々の歴史から、未来を切り開いていくのは自分自身であり、仲間との「つながり」がそれを支えてくれることを子どもたちに実感させる歴史学習が重要である。そして、歴史の授業で学んだことを生かして、自分たちの学級や学校、自分の町をみつめ直し、仲間はずれやいじめがない、差別のない、みんながそろって安心できる学級・学校、地域づくりにつなげていく学習を進めていこう。

もちろん、歴史学習にしても教科書（社会科の授業）だけで十分とは思わないが、「時間がない」と言われている学校現場である。教科書（社会科の授業）で学習すべきことは確実におさえていきたいと思う。その先は工夫である。道徳や特活、総合的な学習の時間と連携し、学習を深めていこう。そのためには、3年を見通した、そして教科間の連携を考えた人権教育（部落問題学習を含む）の全体計画・指導計画をつくっていくことが重要である。

中学3年生の公民の教科書に、「差別を許さない運動や、学校や社会で差別をなくす教育が進められて、多くの人が差別に立ち向かっています」と記述されている。この記述がうそにならないよう頑張ろう。

参考文献
外川正明『部落史に学ぶ』解放出版社、2001
外川正明『部落史に学ぶ2』解放出版社、2006
中尾健次文・西村繁男絵『絵本　もうひとつの日本の歴史』解放出版社、2007
部落問題学習ネタつくろう会編・発行『部落問題学習の授業ネタ―社会科日本史でやってみよう』2007
春川政信『士農工商はなかった―新しい部落史に学ぶ』吉川町人権・同和教育推進協議会発行、2013
『新編 新しい社会 歴史』東京書籍、平成28年、中学校
『新しい社会6年 上』東京書籍、平成27年、小学校

コラム⑪ 血筋が違う？　自分の祖先をたどってみよう

　部落に住んでいる人たちは、江戸時代の被差別身分であった穢多や非人の子孫で、血筋が違うから差別されるのだと考えている人が多くいます。部落差別は血筋の違いを根拠としているというのです。これは正しいのでしょうか。

　児童・生徒に、両親、祖父母、曾祖父母と自分の祖先をたどり、それぞれの名前を順に書くように指示してみてください。すると、曾祖父母の名前を知らないという児童・生徒が数多く出るでしょう。また、祖父母の名前を4人とも正確に知っている児童・生徒もそれほど多くないかもしれません。このように、少なくとも自分の3代前がよくわからないという時代なのです。

　Aさんという人がBさんという人を部落民だとみなし、差別的な言動を行ったとします。では、AさんはどうしてBさんが部落民であるということがわかったのでしょう。Bさんの祖先を調べ上げて（Bさんが若ければ、5代ほど遡らないと、江戸時代にいけません）、確かにBさんの5代前は穢多であった、非人であったという事実をAさんは確認したのでしょうか。それは不可能です。自分自身の3代前がよくわからないのに、赤の他人の5代前など、わかるはずはありません。結局は、Bさんは部落といわれるところに住んでいる、住んでいた、住んでいたかもしれないということを根拠に部落民であるとみなしたにすぎないのです。そこでは、血筋は何の根拠にもなっていません。　　　　　〈石元清英〉

コラム⑫ 部落は閉鎖的？　親に居住歴を聞いてみよう

　部落は閉鎖的だと思い込んでいる人が多くいます。部落は部落民が代々住み続けている特殊な地区というイメージです。しかし、実際の部落はそんなところではありません。そもそも現在の日本で自分が生まれたところで一生を終えるという人は、非常にまれです。一生のうちで、何度か転居するのが当たり前となっています。学卒後の就職、結婚、生まれた子どもの成長、転勤などを機に転居することは多くあります。部落でも同じことです。さまざまな理由で部落を出ていく人や世帯が多くいますし、部落に入ってくる人や世帯も多くみられます。

　児童・生徒たちにも、転居したことがある経験をもつものがいるでしょう。児童・生徒たちにこれまで何度、転居したかを親に尋ねるよう、指示してみてください。すると、児童・生徒たちは、豊富な転居歴を聞くことになるでしょう。人口の流動化が進んだ現代社会において、特定の人たちが固まって住み続け、人口の移動がまったくないような閉鎖的な地区など存在しないことがわかるのです。　　　　　〈石元清英〉

コラム⑬ 「部落差別はもうなくなっているのだから、取り組まなくていい」という当事者に出会ったときの対応は？

「部落問題学習をしてほしくない」という当事者の声はけっして少なくありません。その際、必ずといってよいほど挙げられる理由が、「部落差別はもうなくなっている」というものです。

このような声を耳にしたときはけっして否定せず、まずは「あなたはそう思われるのですね」などと、いったん受け止めることが肝要です。「それは間違ってますよ」「まだまだ差別はありますよ」などと即座にやり返してしまうと、その人はけっしてあなたに本音を語らなくなるでしょう（ただし同意してしまうのではありませんので、その点にはご注意ください）。

きちんと受け止めることができたなら、そこからがスタートです。以下、三点に絞って対応をまとめていきます。

一点目として、まず学習の意義を伝えてみましょう。部落差別がなくなったのだとしたら（実際はなくなっていませんが）、今後、同じような差別の課題が起こらないよう、そのための教訓としても部落問題学習を進める意義があることを強調するのです。戦争のない世の中をつくるためには、やはり過去の戦争について学習する必要があるのと同じです。戦争を知らない世代ほど、戦争のことを知る、勉強する必要があるはずです。

二点目も、学習についてです。「部落問題学習に取り組まなくていい」と言う当事者の多くは、部落問題を学習することが差別を拡大・再生産するのではないかと考え

ています。ですから、学習が差別をなくすことにつながることを伝えていきましょう。部落差別がかつてほどの厳しさを伴わなくなってきたのも、同和対策事業や部落問題学習の成果です。

三点目は、発言者の抱く不安に応えるものです。「部落問題学習に取り組まなくていい」と考えている当事者は、やはりいまでも差別があって、現状ではそれが寝ているように見えはするものの、いつ何どき、目覚めるかもしれない、という差別への不安を抱いていることがほとんどです。もし本当に差別がなくなっているのであれば、部落問題学習をしたとしても問題など起こるはずがありません。だからこそ、その不安を受け止め、その不安を軽減するためにも教員であるあなたがともに行動する、という意思を伝えてほしいのです。すなわち、当事者を孤立させない学級づくりや子どもどうしのネットワークづくりなど、あなたのできることを伝えていきましょう。そして「知らない」ことは「差別がない」ことと同義ではなく、「差別をなくす」という具体的な行動には、けっしてつながらないことを伝えてみましょう。

いずれにせよ、当事者の抱える不安を忘れずに対応していきましょう。同じ「寝た子を起こすな」であっても非当事者のそれと当事者のそれには、大きな隔たりが存在します。その隔たりにこそ、差別の現実があるのです。

〈宮前千雅子〉

アクティブ・ラーニングの手法を用いた部落問題学習の進め方

井上浩義

1 高校現場がかかえる問題点

　高校における部落問題学習の状況については、各都道府県教育委員会の指針・基本方針などがあるにしても、地域によって、また個々の学校現場において、設定されている時間数も内容も千差万別であり、定まったものはないといってよい。

　国（文部科学省）は、「人権教育の指導方法等の在り方について［第三次とりまとめ］実践編〜個別的な人権課題に対する取組〜」において、

　　同和問題に関する国民の差別意識は、「着実に解消に向けて進んでいる」が、「地域により程度の差はあるものの依然として根深く存在している」ことから、現在でも結婚問題を中心とする差別事象がみられるほか、教育、就職、産業などの面での問題などがある。同和問題の解消を図るための人権教育・啓発については、これまでの同和教育・啓発活動のなかで積み上げられてきた成果とこれまでの手法への評価をふまえ、同和問題を重要な人権問題の一つととらえつつ、全ての人の基本的人権を尊重していくための人権教育・啓発として発展的に再構築する。学校教育においては、家庭及び地域社会と一体となって進学意欲と学力の向上を促進するとともに、同和問題の解決に向けた取組を推進していく。

と述べ、関係法令などとして、以下のものを挙げている。

・同和対策審議会答申
・「同和問題の早期解決に向けた今後の方策の基本的な在り方について（意見具申）」
・「同和問題の早期解決に向けた今後の方策について（閣議決定）」
・同和関係特別対策の終了に伴う総務大臣談話

　各都道府県教育委員会の指針・基本方針なども、これらを根拠に策定されていると考えてよいであろう。

　しかしながら、実際に児童・生徒と向き合い、学習活動を展開しているのは現場の教員であり、その現実はどうであろうか。いくつか問題点をあげてみる。

時間が足りない

おそらく、高校においては小・中学校ほど人権教育（学習）の時間がとれていないのではないか。まして、個別課題としての部落問題について取り上げられる時間はどれほどであろうか。

部落問題学習は「特別な学習」

さらに、時間数が少ないことから、教員のみならず児童・生徒・保護者も、部落問題学習は、「特別な時間」に行う（行われている）「特別な学習」という意識をもっていないだろうか。

部落差別の解決方法は愛、やさしさ、思いやり？

部落差別は「心の問題」であり、解決するのは「愛」「やさしさ」「思いやり」であると簡単に結論づけていないだろうか。「みんな差別をしてはいけませんよ。差別に苦しんでいる人には思いやりの心をもって接しましょう」「はーい」……10秒で終わる人権学習である。

教員（指導者）に学習経験がない

2002年3月31日に地対財特法が終了し、部落の施策ニーズに対しては一般対策を講じていくことになった。特別対策の法令上の根拠がなくなったことから、「解放学級」が次々と「店じまい」していった。また、同和教育から人権教育へ再構築するという流れにのって、部落問題学習は多くの人権課題の一つという位置づけになり、さきにふれたように、時間数が減少していった。つまり、若手の教員（指導者）自身、部落問題学習の経験が希薄もしくは皆無なのである。したがって、自己の学習経験をふまえて部落問題学習を組み立てるということができにくくなっている。また、ベテラン教員からの伝承もうまく機能していないのが実情である。何をどう教えていいのかわからないのである。

結局、啓発映画を鑑賞させる、もしくは講演会を実施し、感想を書かせて終わり。これでもまだ、時間を設けているだけましなのかもしれない。

リアリティ（現実感）の希薄さ

ある高校で1年生対象に実施したアンケート調査では、

「身の周りで、大きな差別を見たことがなく、普段特に何も考えていない」

「部落差別が身近に感じられないので、そういうのがあるのかもよくわからない」

「部落差別を実際に見たことがないので、まだ世の中にあると信じがたい。もし、僕の周囲にそのような人がいたとしても、僕は関係なく接する」

「自分の日常生活で部落問題について考えることがあまりなく、実際にそんな人がいる

ということもあまり実感できない」

「自分のまわりに、部落の方や在日外国人がいないので、遠い問題のように思っていたけれど……」

などの記述が目に付いた（下線は筆者）。どうやら、生徒にとって部落差別は、何か大きな差別事件のことであり、「そういうの」は周囲になく、部落出身者は「そのような人」「そんな人」であり、そもそも身近に「部落の方や在日外国人がいない」のである。

　高校生の意識を端的にいうと、「部落問題は学校で学習したけど、自分の身近で見たり聞いたりしたことないし、意識したことないし、自分が差別することはないし、だから解決に向けて努力しましょうと言われても何をどうしたらいいかわからないし……」ということになるのだろう。存在を認知できない問題に対して、解決に取り組もうなどと言っても、何のリアリティもない。

　このリアリティの希薄さこそ、現在の最大の課題である。このことについて、内田龍史さん（尚絅学院大学准教授）は、『部落問題と向きあう若者たち』（解放出版社、2014）の終章（p.242）で、「……こうした部落問題にリアリティのない世代にとっては、構造的に『部落差別はない』『部落問題はない』ように見えてしまうのである」と述べている。

　「国連人権教育の10年」（1995〜2004年）が始まったとき、森実さん（大阪教育大学教授）が『人権教育研究』（『解放教育』別冊 1996.5）に、「国際人権教育の本流が日本にきた」として、人権教育を砂漠のスコールに、同和教育を、砂漠を旅するキャラバン隊に例えた文章を書いていたと記憶している。遠くから聞こえる雷鳴、すなわち人権教育の潮流は、やがてものすごい勢いでやってくる。そのとき、キャラバン隊は、必死に杭を打ち付けて、流されないようにできるのかどうか。対応ができなければ、同和教育の遺跡が残るだけだと。

　「国連人権教育の10年」とともに、同和教育を人権教育に再構築する方向にかじが切られ、人権課題が多様化し、部落問題は埋没してしまったのではないだろうか。このままでは、同和教育の「遺跡」さえも砂に埋もれ、発掘することさえ困難になるだろう。

　児童・生徒たちに部落差別の現実を伝え、その解決に向けてのプロセスを共有しようという試みが、いま求められている。

2　参加型(参加体験型)学習の広がりは何だったのか

　上で述べたように、「国連人権教育の10年」の取り組みが始まるとともに、参加型（参加体験型）学習というスタイルが取り入れられるようになった。

　参加型（参加体験型）学習は、教員が一方的に話す講義式、一方通行の知識伝達型学習ではなく、学習者が学習活動に積極的に参加する学習スタイルであり、知識の獲得より、学習プロセスを重視するものであった。開発教育など地球的課題を扱う教育からは、単に一

つの授業や講座に学習者の参加を促すものとしてではなく、学習者の社会参加をねらいとした学習として位置づけられてきた。学習者が現在または将来にわたって社会の課題に気づき、理解し、解決に向けて参加していく態度や技能を養うための学習活動とされてきた。

「建前・縦じわ・他人事」などと言われることもあった部落問題学習も、このスタイルをいち早く取り入れ、『わたし 出会い 発見』（大阪府同和教育研究協議会、1996〜）などをはじめとする多くの実践事例集も出版された。

しかし、高校現場でこの参加型（参加体験型）を用いた人権学習・部落問題学習は定着したのか。そもそも、高校の各教科の授業形態が、講義式がほとんどであることを考えると、やはり、参加型（参加体験型）スタイルの人権学習・部落問題学習は「先駆的取り組みをしている人の実践」という枠から脱することができなかったのではないか。

3　アクティブ・ラーニング型学習の必要性

この数年、アクティブ・ラーニングということばをしきりに聞くようになった。

きっかけとなったのは、2012年8月28日の中教審の答申である。この答申は、学生の「受動的な受講」から「能動的な学修」への転換を求めている。

答申資料には、「従来のような知識の伝達・注入を中心とした授業から、教員と学生が意思疎通を図りつつ、一緒になって切磋琢磨し、相互に刺激を与えながら知的に成長する場を創り、学生が主体的に問題を発見し解を見いだしていく能動的学修（アクティブ・ラーニング）への転換が必要である」と述べられている。この答申を受けて、まず、大学がアクティブ・ラーニングに取り組んでいった。

つづいて、2014年12月22日の「新しい時代にふさわしい高大接続の実現に向けた高等学校教育、大学教育、大学入学者選抜の一体的改革について」という中教審の答申のなかで、高校における「アクティブ・ラーニング」について言及された。答申資料で、「高等学校教育については、（中略）課題の発見と解決に向けた主体的・協働的な学習・指導方法であるアクティブ・ラーニングへの飛躍的充実を図る」と述べられている。

つまり、大学入試改革と一体にアクティブ・ラーニングが語られたのである。大学入試はどう変わるのか。1つは、現在の大学入試センター試験が廃止され、「高等学校基礎学力テスト」と「大学入学希望者学力評価テスト」の2つの試験が導入されることになっている。2つめは、「大学入学希望者学力評価テスト」で試される力は、主に「思考力・判断力・表現力」になるということである。3つめは、各大学における個別選抜においては、「主体性・多様性・協働性」などを試せるように、多面的・総合的な評価を行うようになるということである。

大学入試の内容が大きく変わるということは、高校にとっても極めて大きな変革を迫ら

れる事態である。これを契機に、高校の現場でもアクティブ・ラーニングということばが聞かれるようになり、実践が展開されつつある。

アクティブ・ラーニングとは

2014 年 12 月 22 日の答申に付けられた「用語集」では、

> 教員による一方向的な講義形式の教育とは異なり、学修者の能動的な学修への参加を取り入れた教授・学習法の総称。学修者が能動的に学修することによって、認知的、倫理的、社会的能力、教養、知識、経験を含めた汎用的能力の育成を図る。発見学習、問題解決学習、体験学習、調査学習等が含まれるが、教室内でのグループ・ディスカッション、ディベート、グループ・ワーク等も有効なアクティブ・ラーニングの方法である。

と説明され、京都大学の溝上慎一教授は、「一方向的な知識伝達型講義を聴くという（受動的）学習を乗り越える意味での、あらゆる能動的な学習のこと。能動的な学習には、書く・話す・発表するなどの活動への関与と、そこで生じる認知プロセスの外化を伴う」（『アクティブラーニングと教授学習パラダイムの転換』東信堂、2014）と定義している。

つまり、一方通行的な授業でなければ、それはアクティブ・ラーニングということになる。「あらゆる能動的な学習」がアクティブ・ラーニングなら、すでに高校で実践されている。しかし、評価は主に知識量が問われ、現在の大学入試も知識量が勝負となる。授業の割合からいえば、当然、一方的な知識注入・伝達型の授業が多くなる。

アクティブ・ラーニングを用いた授業で何が身につくのか。アクティブ・ラーニングで身につける力は、獲得した知識を活用する力（「思考力・判断力・表現力」）や「主体性・多様性・協働性」などである。

OECD（経済協力開発機構）のプロジェクト DeSeCo（Definition and Selection of Competencies）は、すでに 2003 年に「キー・コンピテンシー」という考えを打ち出している。これは、現代社会を生きていく人に身につけてほしい力を示したもので、「道具を相互作用的に活用する」「異質な集団で交流する」「自律的に活動する」という 3 領域から成り立っている。そして、3 領域の中心に「コンピテンシーの核心」として「思慮深さ」（Reflectiveness）ということばが記されている。どこがうまくいって、どこがダメなのかを振り返る力、メタ認知力が核心だとされている。

「振り返る」ということでいえば、われわれ高校教員の日々の授業を振り返ってみて、どうであろうか。

アメリカ国立訓練研究所（National Training Laboratories）の研究によって導き出された、学習定着率を表す「ラーニングピラミッド（Learning Pyramid）」（7 つの種類の学習活動を通して、「学んだ内容を半年後にどれだけ覚えているかを比較した調査結果」）をみてみる。

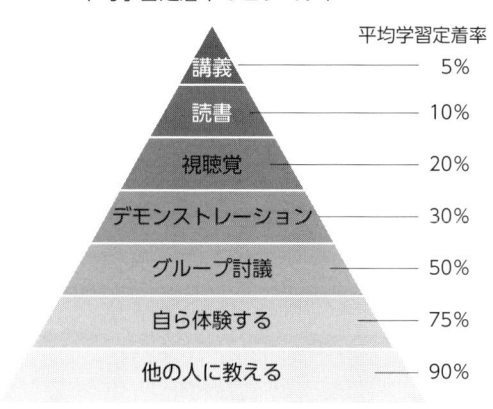

平均学習定着率のピラミッド

平均学習定着率

講義	5%
読書	10%
視聴覚	20%
デモンストレーション	30%
グループ討議	50%
自ら体験する	75%
他の人に教える	90%

学習定着率は、

講義（Lecture）	5%
資料や書籍を読むこと（Reading）	10%
視聴覚（Audiovisual）	20%
実演によるデモンストレーション（Demonstration）	30%
グループディスカッション（Discussion Group）	50%
実践による経験・体験・練習（Practice Doing）	75%
誰かに教えること（Teaching Others）	90%

となっている。

　つまり、より能動的で、主体性が必要なスタイルになるほど学習定着率が高いことがわかる。これは、教員が経験的に感じていることではあるが、現実には、講義形式の授業がほとんどで、生徒は授業を聞いてせっせと板書を写している。それで学習させたつもりになっていないだろうか。これでは効果が薄いことは明らかである。どのように生徒が主体的に授業に関わっていくか。これは多くの教育現場での課題である。

　整理してみる。

　教科としての授業スタイルとしてアクティブ・ラーニングに取り組むことが迫られている以上、全ての高校、教員がなんらかのかたちで手法を習得することになるはずである。

　アクティブ・ラーニングが、「一方向的な知識伝授型講義を聴くという（受動的）学習を乗り越える意味での、あらゆる能動的な学習のこと。能動的な学習には、書く・話す・発表するなどの活動への関与と、そこで生じる認知的プロセスの外化を伴う」と定義されることから、参加型（参加体験型）学習とめざすところは大きく異ならないと考えてよいだろう。

　異なるのは、教科指導のスタイルとして取り組む必要に迫られているという点である。教員は、アクティブ・ラーニング型授業に取り組まざるをえない。きっかけは外発的なも

のかもしれないが、アクティブ・ラーニングを用いて部落問題学習を進めるとなれば、それは、「特別な時間」に行う「特別な学習」ではなく、教員にとって既得の手法を用いて行う学習となるはずである。これは、部落問題学習（人権学習）の突破口として利用しうる。使えるものは何でも使いたい。

ただ、私の情報不足からかもしれないが、アクティブ・ラーニングを用いた現代社会における「基本的人権」の授業実践例などはあるが、部落問題学習の実践例は知らない。

この本が出版されるときには、いま以上にアクティブ・ラーニングは広まっているはずであるが、緒に就いた現時点での実践事例をいくつか提示してみたい。もちろん学校現場、生徒の状況などは学校によって千差万別、一つとして同じものはない。置換力をもって読み替えをしていただければ幸いである。

4 アクティブ・ラーニングを用いた部落問題学習 ──兵庫県立加古川東高校における実践例をもとに

はじめに

兵庫県立加古川東高校の人権ホームルーム（同和ホームルーム）が、生徒主体の討論形式でスタートしたのは、1976年度からである。

その前年に、教師が部落出身生徒と部落問題を話題の中心に据えて関わることが一般化し、12月に「部落解放研究同好会」が結成された（2年後「部落解放研究部」となる）ことを契機にして始まったのである。

2010年8月に同窓会館で、その当時の生徒会執行部と部落解放研メンバーがあつまり、「加古川東高校　同和ホームルームの草創期を語る会」をもった。やがて、なぜ加古川東高校だけが、生徒主体の討論形式で人権ホームルームを行っているのか、在校生はもとより、教員さえもいきさつがわからなくなってしまうことを危惧したからである。この会の音声データは校内の人権関係のフォルダに保管し、いつでも誰でも聴くことができるようにしている。

この会で、当時の解放研顧問の先生の一人は次のように語っている。

> 生徒指導部の一員として、私が同和について考えたこと、その一つは歴史はやらないということ。歴史をやるのはいちばん先生が楽。先生は教えたがるし、教えていれば安心する。いくらでも教えられるし、歴史は自分たちのほうがよく知っているから。それはやりたくないと思ったんです。それは昔のことと言われればそれでおしまい。もう一つは映画は見せないということ。それは作り物だから。この2つはやりたくないという、いわば私の個人的な思いが、なぜ加古川東高で通じたのか。私の思いと、生徒会が何かやりたがっている、同和について自分たちでやりたがっているという状況が重なり合ったということだと思います。

また、当時の生徒会長は次のように回顧する。

　　その当時のことで思い出すのが、A君（部落解放研　初代部長）の顔。彼が、遅くまで生徒会室で、部落解放研設置の呼びかけの文章を書いていた。彼のお父さんが、帰りが遅いので車で迎えに来ていた、缶コーヒーを買って。いまは、私もそのときのお父さんの年齢に近いので、どういう気持ちで迎えに来たのかなと考える。そういうなかで、自分たちのなかに、ここに取り組むものが本当にあると感じた。「しらけ」ムード、校則が（生徒会で取り組む）問題だと思っていたが、ここに大事なもの、取り組むものがあると思った。その後、解放研の設置の呼びかけ、署名集めがあり、同和ホームルームが始まっていったんだけど、東高の雰囲気はそれ以降変わった。しらけは去ったと思う。

　　とにかく、12月に解放研ができてから、（生徒主体の同和ホームルームの計画に）ものすごい勢いで取り組んだと思う。何回も討議して。細かいことは忘れてるけど、A君の話を聞いていて、ありありと思い出すことがある。それは、当事者性を学んだということ。A君たちが、解放研を立ち上げた。解放研のメンバーは、逃げも隠れもできないところでやってる。そこに先生が前に出て、同和ホームルームをやっている。そんな恥ずかしいことはできない、みんなの問題やろ、自分たちの問題やろ、生徒会でやるんやろって。同和ホームルームは自分たち生徒会でやるしか選択肢はないくらいの気持ちだったから、すぐに決まった。あとはかたちの問題だけだった。校則の問題とかは、生徒指導部の先生と話をするのはとても難しかった。じゃあ同和の問題はやさしかったのかというとそうじゃなくて、これはエネルギーのかけがいと手応え、確信、そして自分たちの問題だという当事者性を感じたから。だから、誰が言い出したとかいうより、自然の流れで、みんなで話そうということになった。

　以来40年、回数や時間数は少なくなったが、生徒主体の討論形式の人権ホームルームは続いている。しかし、討論に向かう生徒たちの変化は大きい。近年では、自分たちの意見を率直にぶつけ合って議論するという場面が減ってきた。意見をたたかわせるということに心理的な抵抗が強く、互いを傷つけないような表面的な内容の発言に終始する傾向が強まってきている。そのため、生徒が自分自身の心をみつめ、掘り下げていくことが難しくなってきている。また、討論のベースとなる歴史的な知識が、極めて少なくなっている。

　これらのことから、討論主体の人権ホームルームに歴史学習を取り入れることになった。『これでわかった！　部落の歴史』『これでなっとく！　部落の歴史』を主資料に、空欄を設定し、あてはまる語句を入れていく歴史学習プリントを作成し、教員が講義する形式をとった。このプリントには、最新の部落史研究の成果を踏まえ、かなり詳細な内容が盛り込まれている。第1学年の最終回と第2学年の初回の人権ホームルームに歴史学習を設

定し、学習した内容を基礎的知識として討論に臨むようにした。

　しかし、第2学年初回の歴史学習を実施してみると、第1学年最終回での学習内容の定着率が極めて低いことが明らかになった。これをどのように打開するか、つまりどのようにして学習内容の定着率をあげるかという方策が見つからないまま数年が経過していた。その時期に、教科指導としてのアクティブ・ラーニングの研修が校内で始まり、これを用いた歴史学習が企図された。

　教員による講義形式とアクティブ・ラーニングを用いた歴史学習とでは、定着率がどのように変化したのか。残念ながら、これを数値化して比較するようなデータは取れていない。しかし、教員の側の実感としては、定着率は以前より上昇していることは確かである。よりいっそう定着率をあげるために、どのような工夫をすればよいのか、何年かの実施を経て検証する必要がある。

　ここで報告するのは、本校で実施したアクティブ・ラーニングを用いた歴史学習と、その発展学習として立案したものである。

「ジグソー法」とは何か

　今回用いた主な手法は「ジグソー法」である。以下、「ジグソー法」の概略を説明しておく。

　ジグソー法とは、アメリカの社会心理学者エリオット・アロンソンが考案したグループ活動を支援するための手法。それが協調（協同）学習という学習方法の支援方略として発展した。その学習方法のデザインからジグソーと呼ばれる。

●基本的な進め方

①教材を用意し分割する

②分割した教材を各グループに配付する

　このグループを、エキスパートグループと呼ぶ。与えられた課題のエキスパートとなるという意味。各グループが、与えられた課題の理解や分析を行う。

③グループの再構成（ジグソーグループの結成）

　エキスパートグループからジグソーグループに再構成する。各グループの理解や分析結果をもって、違うグループの人と新しいグループを結成する。各課題のエキスパートが集まり、知識の共有、新たな課題解決などを図る。

④全体での共有

　エキスパート活動で学んだことをジグソーグループで発表する。

⑤振り返り

　再びエキスパートグループに戻り、振り返りを行う。

エキスパートグループ、ジグソーグループの図

エキスパートグループ

| A | A |
| A | A |

| B | B |
| B | B |

| C | C |
| C | C |

| D | D |
| D | D |

ジグソーグループ

| A | B |
| C | D |

| A | B |
| C | D |

| A | B |
| C | D |

| A | B |
| C | D |

　ジグソー法では、エキスパートグループから新しくジグソーの1人ずつのメンバーが集まったとき、自分しか知らない情報をもっているという状況が生まれている。それをグループで共有するデザインがジグソー法の特徴である。これによって、各グループの学習場面における一人ひとりの責任感をもたせる構造が生まれる。また、一人ひとり異なる知識をもっていることを許容するコミュニティが生まれる。

　全体として、議論やコミュニケーションに責任をもって取り組ませるというトレーニングになる。大人数で行う際には、課題の分割、人の移動をコントロールする必要があり、周到な準備が求められる。

部落の歴史 1(中世〜江戸時代)─差別の源流を探る

1年生対象

教員用マニュアルＡ

1　目的

　生徒は、これまでの人権ホームルームを通じて、正しい知識を蓄積することの重要性を感じている。また、生徒の半数近くが、部落差別が江戸時代の身分制度に起源をもつという誤った認識にある。これを是正し、正しい知識を身につけさせ、正しい判断・正しい行動ができるようにさせたい。

　アクティブ・ラーニング型展開を取り入れることによって、定着を深めたい。ジグソー法は、ラーニングピラミッドでも最も効果的とされている「教える」行為を中心とした学習方法である。

2　展開の概略

1時間目

①体育館にて DVD「部落の歴史（中世〜江戸時代）─差別の源流を探る」（東映2007年制作）を見て取材する。（30分）

②4グループに分かれて教室に移動し、教師の講義を受けてエキスパート活動をする。（20分）

2時間目

③ジグソー法により、知識を定着させる。（40分、1人8〜10分担当）

④チェックテストＡで知り得た内容を確認する。（5分）

⑤振り返りシートに記入して振り返る。（5分）

3　準備

- 記録シートＡ（振り返りシートを含む）（133-134ページ）
- 生徒用レジュメＡ：部落の歴史（中世〜江戸時代）─差別の源流を探る（135-139ページ）
- チェックテストＡ（140ページ）
- 『これでわかった！　部落の歴史─私のダイガク講座』コピー資料および教員用レジュメＡ（127-129ページ）
- 生徒用プリントＡ：第1学年　人権ホームルーム　部落の歴史1（中世〜江戸時代）について（130-132ページ）

4　展開の具体例

あらかじめ、クラス全体を4つのテーマごとのグループ

　　A：江戸時代の身分図式

　　B：中世起源説

　　C：身分の流動性と宗門改め制度による固定化

　　D：被差別身分の人々の生業

に分ける。

　また、ジグソー法における4人1組の組み合わせ（ジグソー班）も決めておく。グループの分け方、4人の組み合わせは、担任の任意による。

1時間目

①筆記用具と記録シートAと生徒用レジュメAを持って体育館に集合する。自分のテーマ（A〜Dのいずれか）は確認済みである。

- 部落の歴史を学習する意義を知る。（学年の人権学習担当者によるレクチャー）
　次時の活動で、他者に自分の取材したテーマについて発表することを意識させる。
- DVD「部落の歴史（中世〜江戸時代）―差別の源流を探る」（27分）を視聴し、自分の担当について、記録シートAにメモしながら取材活動をする。
- 視聴後、速やかにエキスパート活動をする場所に移動する。教師も移動する。
　　（例：テーマAは1〜3組、Bは4〜6組、Cは7〜9組、Dは体育館）

②各場所で、教師からの指示で自分の担当するテーマについて、取材内容を確認する。（知識の平衡化）

- さらに、教師の講義形式によって、各テーマについてのプラスアルファの情報を得る。この情報は主として、コピー資料および教員用レジュメAによる。
- 各自が発表すべき内容を整理する。

2時間目

③あらかじめ担任から指示された4人1組のグループ（ジグソー班）に分かれておく。

- 担任から、部落の歴史を学習する意義、グループ活動を用いて「人に教える学習法」の利点（内化と外化を往還することで知識の定着が促進される）を聞いて理解する。
- 知識定着の確認のために、グループ活動終了後にチェックテストAを実施することを予告しておく。
- 担任の時間管理（チェックテストと振り返りのための時間として、10分残すことを念頭に、残り時間を均等割する）によって、AからDまで、それぞれの担当が自分の担当するテーマについて、1時間目に整理した内容を発表する。適宜、質問してよい。発表を聞いている時間は記録しない。
- 発表のなかで重要と思われるポイントを、記録シートAに記録する。記録時間を確

保することが重要である（例：最初の説明に8分使った場合、使える時間は32分。均等割して1人8分。説明6分＋記録2分と設定する）。グループ学習における時間管理は、非常に重要である。ほおっておくと、いくらでもしゃべってしまう。

- 発表を聞いている者は、記録シートAに重要と思われるポイントを記録する。

④チェックテストAを受け取り、記録シートAを見ながら、各個人が知識の定着を確認する。これはグループではなく、個の活動である。森朋子さん（関西大学教授）によれば、アクティブ・ラーニングでは、個から始まりグループを経由して個に戻ることをよしとする。「内化と外化の往還」が促進されることによって、知識の定着がはかられる。

- 担任からチェックテストAの解答を聞き、自己採点する。各グループで担当したテーマ部分について相互採点してもよい。

⑤記録シートAの振り返りシートに記入し、本日の活動を振り返る。

記録シートAとチェックテストAを回収する。

上杉聰『これでわかった！ 部落の歴史—私のダイガク講座』（解放出版社、2004）

エキスパート活動において、①DVDの内容でおさえておくべき重要ポイント、②プラスアルファの情報を整理する。

A：江戸時代の身分図式 (pp.26-31、pp.36-40、pp.52-53)

①旧来の身分図式（「士農工商えた非人」のピラミッド）は誤りである。

- 「士農工商」は、中国古典中のことばで「全ての職業人」「一般民衆」をさし、身分の上下を意味しない。
- 幕府は村に住む人を「百姓」、町に住む人を「町人」と呼び、両者に上下はなかった。
- 幕府が被差別部落をつくったという証拠「お触れ」は存在しない。
- 被差別部落の人々が社会の最底辺におかれたという史料はほとんどない。実際は、「人外」「人交わりしない」などの表現がほとんどであり、差別を受けながらも別の社会（独自の社会）を形成していた。
- ただし、一般社会と断絶していたのではなく、さまざまな役割を担い、社会には欠かせない存在であった。その役割に従うかたちで、一般社会と接点はあった。

②差別には「排除の差別」と「奴隷を所有・支配する差別（上下の差別）」の2種類がある。「人外」とか「別の社会」とは、「排除の差別」を意味する。

- 「人外」すなわち「別の社会」とは、居住地の隔離も意味する。被差別民の居住地は、村や町の外におかれた。
- 実際の身分図式は、下のように表せる。

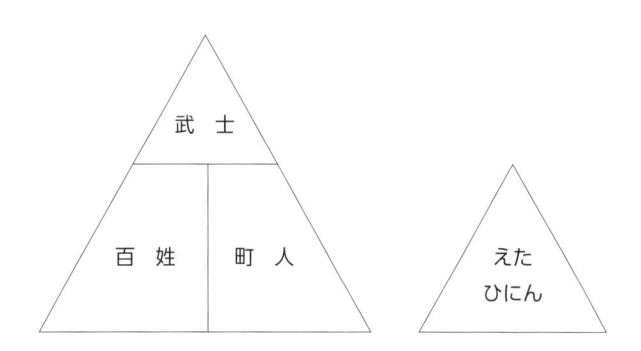

B：中世起源説 （pp.64-68）

①近世起源説の否定＝被差別部落は、江戸時代に政策として作られたのではない。

現在は、中世起源説（被差別部落の源流は平安中期にさかのぼる）が通説である。

- 都市周辺や河原に住み、清掃・牛馬の死体処理・死体の埋葬・芸能など「ケガレ」を取り去る仕事をしていた人々（キヨメ）が、被差別部落の源流である。
- 「ケガレ」にふれる仕事は、畏怖の対象として特別視されていた。
- 室町時代に「天下一の庭師」と呼ばれた善阿弥やその孫又四郎も被差別民であった。又四郎は「屠家に生まれしを悲しむ」と差別に抗議する思いをもっていた。

②『これでわかった！ 部落の歴史』（pp.64-68）によると、京都下鴨神社南の高野川と加茂川の対岸に「河原人」と称される人々が住んでいた。平安中期以降、天皇直属の警察であった検非違使の下請けとして、彼らが死牛馬の処理や警察の任務を行っていたという記録（藤原実資『小右記』978～1032 年）が確認できる。

- 以来、京都・奈良さらに近畿の各荘園に一つずつ、キヨメを担当する部落が形成されていく。
- 治安の対象だった人々を治安を管理する側へ組み込み、一般の税負担しない人々（一般人が不公平感をもつ人々）を差別することで、社会はそれなりにひきしまっていった。

C：身分の流動性と固定化 （pp.48-51）

①戦国時代までは、身分は流動的であった。宗門改め制度によって固定化されていった。

- 当初の目的は、キリシタンや一向宗の勢力を抑えるためであった。
- 宗門改帳は、近世の戸籍にあたるもので、被差別身分の明記・一括記載がなされ、身分の固定化・世襲化が定着していった。中世より差別は厳しくなった。
- 社会の発展や思想の変化によって人間が自然を支配・制御できると考えられるようになると、キヨメの対象である死体・犯罪も、単なる汚物・単なる法律違反ととらえられ、畏怖の対象ではなく、ケガレたものに対する差別意識が強まった。

②それでも、「非人」には誰でもなれたし、抜けることもできた。

- 「非人」には、百姓・町人からなれた。親から勘当された子ども・物乞い・犯罪による刑の一種・心中の失敗・家族に見放された障害者・ハンセン病患者などが組み込まれた。
- 両親が「非人」の場合は抜けられないが、上記のような場合は 10 年以内であれば、一定の条件（身元保証人がいるなど）を満たせばもとの身分に戻れた。
- 「えた」は身分を変えられなかった。

D：被差別身分の人々の生業 (pp.124-129)

①キヨメとしてケガレにふれる職種（皮役・警吏役・掃除役・水番など）に従事した。社会にとって欠かせない役目であるが、身分が固定されるにつれて差別が強まる。

- 死牛馬の処理は被差別部落の人々の権利であり、すぐれたリサイクル技術をもっていた。
- （関西では特に）農業、草履・雪駄・竹製品の製造販売、医・薬・助産などにも従事した。
- 古典芸能や宗教儀式を担う。
- 「天下一の庭師」と呼ばれた善阿弥は、多くの有名な庭を手がけた。

②戦国大名に好待遇で迎えられたこともあった。

- 戦国時代には、皮革製品としての武具や馬具が多く必要となり、職人集団として戦国大名が屋敷を与えたりして囲い込むことになった。しかし、差別は温存された。なぜならば、誰でもが皮革を自由に扱えるとなると、一般商品として流通し、高価になってしまうから。皮革製品を安定的かつ比較的安価に入手するためには、皮革を扱う権利を被差別部落の人々固有の権利として「差別的」に残す必要があった。

プラスアルファとして…「怖さ」とは何か (pp.82-86)

「怖さ」の根源は予測不可能な仕草に対する不安である。ふだん接点のない人々の行動や場所を恐れるところから始まる。とすれば、差別や偏見の解消の第一歩は、正しく知ることにある。誤った情報や無知は差別を助長する。これだけでも伝えたい。

第1学年 人権ホームルーム
部落の歴史 1(中世~江戸時代)について

1 歴史学習の意義

みなさんが知っている通り、本校の人権学習は生徒主体の討論形式の人権ホームルームを柱としていますが、そこで扱うテーマは部落問題を軸にして計画、実施されています。

部落問題について討論をするときに、基本的な事柄を全員が正しく認識できていない状態で、討論を進めていくことは困難なことだと思います。さらに、間違った知識による偏見を生み出すことも可能性としてはあると思います。

これから部落問題をテーマにしてより深い討論を進めていくために、基本的知識を身につけていくことが必要なのです。そこで、今回と2年生の第1回人権ホームルームの2回にわたって、部落の歴史について学びます。

すでに、11月の人権ホームルームで部落問題に関する討論会を実施しましたが、部落差別そのものが何のことかわからないまま、討論会に臨んだ人もあっただろうと思います。もちろん、中学校までに部落問題について勉強してきて、何らかの知識をもっている人もいるとは思います。しかし、教えてもらった内容や君たちの記憶している内容が全て正しいとは限りません。歴史の研究は進んでいて、以前は正しいとされていたことも常に見直されています。部落の起源などについても定説が変化してきました。

本校で10月に行われた川口泰司さんの講演会でも、「学べば学ぶほど差別は取り除ける」という内容を話されました。いちばん怖いのは「無知と無理解と無関心」とも。

ぜひともこの機会に、正しい知識を学び身につけてください。

2 当日の流れ

1時間目	①体育館に各クラス2列で整列	(5分前に集合完了)
	②歴史学習の意義の説明	(2分)
	③DVD鑑賞による取材	(30分)
	④エキスパート活動の各会場へ移動	(5分)
	⑤エキスパート活動	(15分)
休憩	各自ホームルーム教室へ移動、発表内容の整理など	
2時間目	⑥ジグソー法による班別学習	(9分×4人)
	⑦チェックテストの実施	(5分)
	⑧振り返りシートの記入	(5分)

3　エキスパート活動とジグソー班別学習およびチェックテストについて

(1) エキスパート活動……自分が担当するテーマについての取材内容を確認することに加え、プラスアルファの情報を得る。

(2) 休憩時間……班別学習において各自が発表する内容を整理する。

(3) ジグソー班別学習……4人1組の班をつくり、各自が担当テーマについて発表する。このグループ活動は、人に教える学習法を取り入れて、知識の定着を促進させることをねらいとしたもの。

得た情報を一度自分のものとし（内化）、それを他の人に伝えようとする（外化）ことで、知識の定着がより確かなものになる。

　手順　①Aグループ担当が、担当テーマについて取材・整理した内容を発表する。時間は7分間です。残り3人は説明を聞きながら適宜質問してもかまいません。

　　　　　　ただし、説明を聞いている間は、記録はしないこと。

　　　　　②説明が終わったら、聞いていた3人は発表のなかの重要と思われるポイントを記録シートに記録する。時間は2分間です。

　　　　　③Bグループ、Cグループ、Dグループの順に①②の活動を繰り返す。

(4) チェックテスト……知識の定着度を確認すること、同時に、アウトプットすることにより知識の定着をさらに促進することをねらいとしています。

記録シートを見ながら、チェックテストに取り組む。時間は4分間です。解答後、発表される答を聞き、自己採点する。

4　各グループが担当するテーマおよびエキスパート活動の会場割り当て(例)

	1〜3組	4〜6組	7〜9組
Aグループ （江戸時代の身分図式）	1組教室 （　　先生）	4組教室 （　　先生）	7組教室 （　　先生）
Bグループ （中世起源説）	2組教室 （　　先生）	5組教室 （　　先生）	8組教室 （　　先生）
Cグループ （身分の流動性と宗門改めによる固定化）	3組教室 （　　先生）	6組教室 （　　先生）	9組教室 （　　先生）
Dグループ （被差別身分の人々の生業 ）	体育館 （　　先生）		

5　諸注意

①とにかく時間が厳しいので、体育館への移動や各教室への移動を迅速に行ってください。

そのために、上記の当日の流れを各自が理解しておいてください。また、エキスパート活動の教室もあらためて連絡しないので、各自が理解しておいてください。

エキスパート活動とジグソー班別学習の方法などについても、当日は説明しませんので進め方を各自十分に理解しておいてください。

②トイレはすばやく済ませて移動する。窓閉めも窓際の席の人が責任をもって閉める。

1〜5組の人は体育館の玄関と東入り口から、6〜9組の人は西入り口から入場してください。

③DVD鑑賞による取材、およびエキスパート活動では、自分が担当するテーマについてしっかりとメモをとること。ジグソー班別学習では、そのメモをもとにそのテーマについて発表するので、十分に理解しながら取材をすること。

④体育館へ持って行く物は、筆記用具、このプリント、および記録シート（当日の朝に配布する予定）。

また、必要な人は座布団やブランケットなどの防寒具を持っていってもかまいません。

記録シートA

知ることは、正しく判断し、正しく行動するための必須条件

人権ホームルーム　記録シート
取材シート：私のエキスパート・テーマは「Ａ・Ｂ・Ｃ・Ｄ」です。

テーマＡ：江戸時代の身分図式

テーマＢ：中世起源説

テーマＣ：身分の流動性と固定化

テーマＤ：被差別身分の人々の生業

振り返りシート　おわりははじまり　何か一言書いておこう。

Q1.　どんなことがわかりましたか。

Q2.　さらに、どんなことを知りたいと思いましたか。

今日の理解度
　　　　　5・4・3・2・1

1年_____組_____番　名前_____

ビデオ
「部落の歴史(中世〜江戸時代)─差別の源流を探る」(東映、2007) 要約

Ⅰ 部落史のとらえ方の変化 (江戸時代の身分制度)

- 江戸幕府は、村に住む人を「百姓」、町に住む人を「町人」と呼び、両者に上下はなかった。
- 「士農工商」は中国のことばで、「全ての職業人」「一般民衆」の意味にすぎず、江戸時代の特別な身分や上下関係を示しているわけではない。

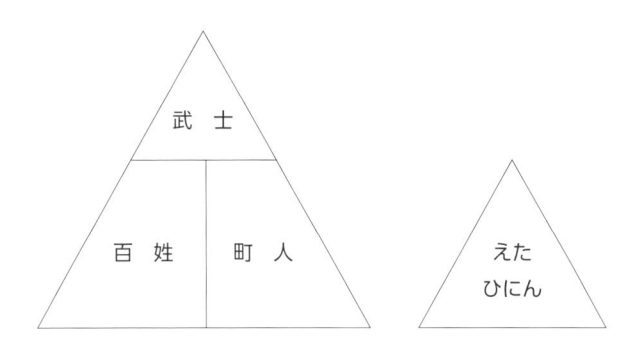

- 江戸幕府が「被差別部落をつくった」というようなお触れもないし証拠もない。それどころか、江戸時代以前から、差別された人々が存在していたことが明らかになっている。
- 部落は、社会の「下」「最底辺」という位置づけではなく、社会の「外」という位置づけ。さまざまな史料を見ても、「外」「人外」「人間の外」「人交わりしない」などの表現がほとんどで、別の法律体系のもとにおかれ、独自の支配構造をもっていた。

  つまり、部落差別は「外」へ排除する差別だったのである。社会的に不可欠な役割を与えられ、社会の一部に組み込まれながら、一般社会外へ排除されるという差別だった (穢多・非人は、奴隷とは違う。奴隷への差別は支配・所有による差別)。
- さらに、部落の人々は必ずしも貧しかったわけではなく、なかには豊かな人もいた。たとえば「穢多頭弾左衛門」は関東の部落の人たちを管理、支配し、その生活ぶりも旗本に匹敵するくらいであった。

◆被差別部落の人々は

- 奴隷のような最下層の人々ではなく、差別を受けながらも独自の社会を形成していた。
- 一般社会と断絶していたのではなく、さまざまな役割を担い社会に欠かせない存在だった。

2 部落の起源(源流)とその変化(中世起源説)

- 起源は中世（＝平安時代中期〈院政のころ〉）と考えられる。江戸時代に政策として江戸幕府が作ったものではない。

- もとは都市周辺や河原に住み、清掃・牛馬の死体処理・死者の埋葬・芸能など、「ケガレ」を取り去る仕事をしていた人々（＝キヨメ）が、被差別部落の源流である。

- 「ケガレ」にふれる仕事➡恐れ、特別視する存在（＝ケガレを取り除く特別な力をもっている人とみなされ畏怖・畏敬の念を抱かれていた➡後には、恐れ・特別な存在と思うだけでなく、しだいに排除すべき対象に変わる。排除の意識から差別意識が強まった）。

- 京都下鴨神社南の高野川と加茂川の対岸に「河原人（かわらびと）」と呼ばれていた「濫僧（＝無認可の僧）」「屠者（としゃ）（＝動物を殺して売る人）」が住んでいて、検非違使（＝京都の治安維持のための天皇直属の警察）の下請けとして、河原人が死んだ人間や牛馬などの動物の処理や警察の任務を行っていたと「小右記」「左経記」などに記録されている。

  - ➡ これがまさに部落の起源だと考えられる。

  - ➡ 彼らは仕事の内容から「キヨメ」と呼ばれるようになる。

  - ➡ さらに、鎌倉時代半ば「濫僧」は「非人」、「屠者」は「穢多」へと呼び方が変化する。

  - ＊注 中世社会とケガレ意識：「延喜式」（927 年＝平安中期、律令の補助法令の一つ）によって「ケガレ」が規定され、民衆に広がっていき、中世の人々の価値観となっていった。「ケガレ」とは「人々の日常の状態が崩れること」（たとえば、人や生き物が死ぬ、血を流すこと、出産、犯罪や火事、天災や政変など）。「ケガレ」を恐れ、その崩れた状態を早く「キヨメ」て元の状態に戻すことが必要だった。

- 中世におけるケガレ観・差別がしだいに変化していった。
  南北朝時代を境に、朝廷や有力な寺社の権威が失墜し、支配構造が変化する。
  「ケガレ」が恐ろしくない時代に……人間が自然を征服し、神仏の罰が恐ろしくない。
  - ➡ 「キヨメ」の対象（死体・犯罪）……単なる汚物・単なる法律違反の処理にすぎない。
  このようななか、「キヨメ」に関わる人たちを「畏怖・畏敬」の対象から、自分たちとは違う差別すべき対象、「忌避・排除」すべき対象とみなしていくようになっていった。

- 『塵袋』（鎌倉末期）：「非人」「カタイ（＝ハンセン病患者）」「エタ」……「一般社会と交際できない」という点で同じ。

- 室町時代：庭園造りをする「山水河原者」＝「えた」「屠者」

- 『鹿苑日録』：善阿弥（天下一の庭師）、又四郎のことが記されている。

  又四郎……「屠家に生まれしを悲しむ」➡差別に抗議する思い

  ※ 動物の死体処理……「残忍」という差別観念

◆中世における差別

- 人々の「ケガレ」意識に基づく賤視観が中世に生まれ、しだいに排除すべき対象に変わる。

- 排除の意識から部落への差別意識が強まった。
- 中世における差別は、法制度上のものではなく、「社会的差別」といえる。

3　身分の流動性と宗門改めによる固定化

- 下剋上：身分移動可能な時代➡被差別身分から脱出した人もいる。
- 身分そのものは完全に分化せず、固定化されていたわけではなかった。
- 戦国時代の皮革需要……戦国大名が戦闘に必要な皮革を調達するために部落を法体系へ組み込む。皮を集められる「キヨメ」としての位置を、差別意識の強化によって保つ。そのために差別の法制化が始まる。
- 近世の差別……戦国期までに強まっていった一般の人々の差別意識を基盤として、部落差別を制度化。戦国期に、限られた地域で進められた差別の法制化が、全国的で全社会的なものへと拡大し、強化される。

    穢多・非人に課せられた役負担（犯罪人の捜査・逮捕および刑の執行）の性格上、差別された人々が公開処刑などを行うことが支配側の武士にとって好都合だった。
- 流動的身分➡固定化：1600 年代半ば以降のこと……宗門改め制度を全国的に実施
- 幕府：幕藩体制確立のために宗教統制

    ➡宗門改め制度（＝民衆一人ひとりがどの寺の檀家であるか証明）を全国で実施する過程で、差別的身分制度が確立していった。
- 宗門改帳……近代の戸籍にあたるもの、被差別身分が明記され、一括記載、別帳化も行われた。

    ➡身分が把握され、制度として固定・世襲させられる……中世と違ってとても厳しいもの。
- 差別の制度化……衣服や立ち居振る舞いなど、日常的な生活レベルの法制化も進む。
- しかし、「非人」には誰にでもなれたし、抜けることもできた。

    ➡「非人」には、百姓・町人からなれた。親から勘当された子ども・物乞い・犯罪による刑の一種・心中の失敗・家族に見放された障害者・ハンセン病患者などが組み込まれた。両親が「非人」の場合は抜けられないが、上記のような場合は 10 年以内であれば、一定の条件（身元保証人がいるなど）を満たせばもとの身分に戻れた。

    ➡「えた」は身分を変えられなかった。
- 江戸後期には差別がさらに強化され、幕府や藩は百姓・町人が被差別民を差別しなければ罰せられるように法制・制度化していった。

◆近世における差別
- 近世の幕藩体制は、人々のなかにあった賤視観を基盤として政治的・制度的に身分制度を確立し、固定化した。
- 身分の固定化によって人々の排除や差別する意識を助長し、身分に応じて生活する

（差別する）ことを生活の規範とすることで、封建的支配を固めていった。

4　被差別身分の人々の役目・生業

- 近世の人々……それぞれ、幕府・藩が決めた役目を果たさなければならなかった。
- 被差別身分の役……皮役・警吏役・掃除役・水番など、社会にとって欠かせない役目。
  ➡しかし、「ケガレ」にふれる不浄の役目＋身分の固定。
  ➡民衆の差別意識をさらに強める。
- 牛馬が死ぬ➡所定の捨て場に（勝手に処分できない）➡被差別身分の人が処理する権利
  ➡皮：皮なめし皮革製品（太鼓・武具・馬具）に
  　骨：肥料、毛：筆・刷毛、内臓：肥料・医薬品原料、蹄：工芸品、肉：食用
  　※ あらゆる部分を活用：死牛馬処理＝すぐれた技術＋リサイクル産業
- 1771 年 杉田玄白らが人体解剖➡『解体新書』
  実際に腑分けを行ったのは、被差別身分の虎松の祖父（臓器を教え示した）。
- 警吏役・死牛馬処理以外にもいろいろな仕事
  - ・農業、草履・雪駄・竹製品の製造・販売、薬・医・助産。
  - ・東日本：筬（おさ）・砥石の製造・販売。
    ※ 民衆にとって欠かせない仕事を担っていた。
    その技術は近年まで受け継がれていた。
  - ・西日本：広い耕地をもち農業に従事する人もおり、必ずしも貧しいわけではなかった。
- 芸能に携わる人も➡源流は中世：農業を生業としない人➡差別された
  そのなかから古典芸術……流浪の芸能者がつくった
  - ・能楽・人形操り（➡人形浄瑠璃）
  - ・歌舞伎（近世は被差別身分と違うが）
    猿曳・白拍子・曲舞など宗教儀式
    ➡江戸時代に芸能として発達：鳥追い・万歳➡民衆に楽しみ

5　身分統制の強化と抵抗

- 江戸中期〜：商品経済発達➡商人台頭、武士の地位低下
  ➡身分統制が厳しくなる……幕府・藩が風俗を取り締まる法制
  ➡身分制度の引き締めをはかる：1778 年 幕府が初めて法令
- しかし、被差別身分の人々も、いつまでも耐え忍んでいたわけではない。
- 各地で組織的抵抗：岡山藩に対する渋染一揆……大きな犠牲、しかし政策撤回勝ち取る。

6　まとめ

- 江戸時代の身分制度は、中世からの差別に源流があった。
- 担ってきた役割は「危険」「汚い」とみなされたが、全て必要不可欠な仕事であった。
- 現代人もマイナスを押しつけるのでなく、自分自身の問題として引き受ける覚悟必要。
- しかし、いまも否定的なイメージを抱く人もいる➡差別発言・落書き・ネットへの書き込み
- 部落の歴史を学ぶ➡自分自身の意識を問い直す＋さまざまな人権問題に立ち向かう力に

最後に、歴史学習について

- 歴史を知ることは目的ではなく手段・材料➡知るだけでなく何を感じるか・考えるか➡現在およびこれからの自分の生き方・あり方につながる課題としてとらえたい

  ※ 知識を得るだけでなく、差別をなくすための行動につなげていくことが目標

(1) 差別やその歴史に関する正しい知識を身につけよう

　①正しい知識・歴史認識をえることによって、差別を生み出し温存してきた社会の構造や民衆の意識について理解しよう。

　②正しい知識・歴史認識を得ることによって、差別が理不尽であることに、より明確に気づくことができる。その気づきは、さまざまな差別（の不合理性）を見抜く力（人権感覚）の基礎となるはず。

(2) 歴史学習を通して自分をみつめ自分の生き方を問い直そう

　①歴史のなかで（現在も）、実際に差別をしたのは民衆（＝われわれ）である。歴史を知り、「政治や社会が悪い」「現代の自分たちには関係ない」ということではないと理解しよう。一方で、差別をなくそうと努力し、闘って社会を変えてきた人々の生き方におおいに学ぼう。

　②学習の主語は「私」にしよう。現在生きているわれわれ（私）は、どうあるべきか。何ができるのか。あるいは、傍観（＝差別を容認・助長）するだけなのか。

人権ホームルーム　チェックテスト

1 年_____ 組_____ 番　名前_____

テーマＡ：江戸時代の身分図式

Q1. 江戸時代の身分図式を右に
簡単に図で示してください。

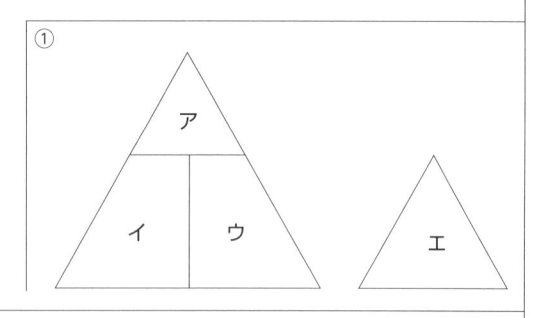

Q2. ２種類ある差別のうち、部落差別は「②　　　　　　」の差別である。

テーマＢ：中世起源説

Q3. 被差別部落の起源は「③　　　　　　」時代中期に、京都下鴨神社南の高野川と加茂川の対岸に住んでいた「④　　　　　　」と呼ばれる人々だと言われている。彼らは、社会にとって必要不可欠な、清掃・死牛馬の処理・死体の埋葬など「⑤　　　　　　」を取り去る仕事に従事しており、畏怖の対象となっていた。

テーマＣ：身分の流動性と固定化

Q4. 戦国時代までは、身分は流動的であったが、江戸時代の「⑥　　　　　　」制度によって被差別身分が明記され、差別が固定化されていった。

Q5.「非人」身分は流動的で、百姓・町人身分からの流入もあった。そのような場合でも、10 年以内であり、一定の条件を満たせば「⑦　　　　　　」。

テーマＤ：被差別身分の人々の生業

Q6. 被差別身分の人々は、ケガレに触れる職種 (皮役・警吏役・掃除役・水番など) に従事した。関西では、農業や医・薬・助産などに携わる者もいた。また、能楽などの「⑧　　　　　　」や宗教行事も担った。天下一の「⑨　　　　　　」と呼ばれた善阿弥も、被差別身分の人であった。

Q7. 戦国時代には、武具や馬具など「⑩　　　　　　」製品の製造技術に長けた被差別身分の人々は戦国大名に優遇されることになった。

（解答は 157 ページ）

部落の歴史 2（明治〜現代）

教員用マニュアル B

1　プレ人権ホームルーム（1 時間）

休み時間の間に、各教室へ移動しておく（各ホームルーム教室 9 ＋選択教室 ABC）

①前回の復習等（20 分）

- チェックテスト A ＆自己採点＆解説（復習）
- 次回人権ホームルームで学習する大まかな内容の説明
- チームで協力する意識付け（態度目標と内容目標の提示）

②エキスパート活動（30 分）

- グループごとの資料を配布＆教師より内容を説明
- 次回ホームルームまでに準備しておくことを指示

　この間に資料を読み、説明する内容をまとめておく。

　質問があれば担当教師に尋ねる。

　説明する内容は、事前に担当教諭に提出しチェックを受ける。

2　人権ホームルーム当日（2 時間）

当日の朝に記録シート B（146-147 ページ）を配布

1 時間目

①体育館に各クラス 2 列で整列（予鈴時に完了）

②歴史学習の意義の説明　　（5 分）

③ DVD 鑑賞による取材　　（26 分）

④鑑賞後ただちに解散・移動（5 分）

⑤ジグソー法による学習（1）（9 分× 2 人）……適宜対応

　休憩

2 時間目

⑥ジグソー法による学習（2）（9 分× 2 人）……適宜対応

⑦チェックテスト B（148 ページ）の実施　　（5 分）

⑧資料（ビデオの内容のまとめ）配布・担任による説明（20 分）

⑨振り返りシート（147 ページ）の記入　　（5 分）

※抜け落ちている点やチェックテストBで正しく理解できていないと判明した内容を担任が解説するとともに、指導案Ⓐではテーマごとのつなぎが課題であった反省から最後に担任が全体の流れを確認する……⑧

3　エキスパート活動の各テーマについて

Aグループ：賤民廃止令（解放令）の欠陥
Bグループ：融和運動から水平社運動へ
Cグループ：戦後昭和の部落解放運動
Dグループ：同和対策事業

4　前日までに各クラスでしておくこと

班分けおよびグループ割り（各班A・B・C・D各1人ずつ計4人×10班）

5　担任サイドで準備しておくこと

①エキスパート活動のテーマについて予習しておく。
②当日、クラスに欠席者や早退者が出たときの対処を考えておく。
③担当以外のテーマについてもある程度の知識を得ておく。

ビデオ

「部落の歴史(明治〜現代)—近代化が存続させた差別」

（東映 2007 年制作、26 分間）

1 導入

- 行政書士による戸籍謄本等不正取得事件……2005 年、神戸市で明るみに
  - ➡大阪・東京・愛知などでも発覚（全国で数千件）、1 件 3,000〜10,000 円で調査会社に売り渡し
- 根本の原因……興信所に身元調査を依頼する人がいまでも多い
  - ※ 近代国家の成立以来、過去にも繰り返されてきた
    - 1872 年 壬申戸籍（近代最初の戸籍）……「元穢多」などの記述
      - ➡ 1968 年に閲覧禁止になるまで、身元調査で悪用されてきた
        閲覧禁止後も、住民基本台帳・寺の過去帳などを利用

2 明治新政府の政策

- 封建制度廃止➡天皇中心の中央集権体制確立
- 殖産興業➡資本主義化を進める
- 富国強兵・徴兵制・学制➡欧米列強に対抗
- 封建的身分制度廃止➡華族・士族・平民、職業・結婚の自由
  - ➡被差別部落の人々への影響：1871 年 死牛馬の処理権廃止
    - 賤民廃止令（解放令）➡大きな喜び、しかし……
  - ※「解放令」発布の目的……解放ではなく、身分制度の解体・廃止が目的
    - 近代国家は、別の世界・国家のようなものがあっては成り立たない
    - 税制（地租改正）のために身分制度廃止が必要

3 一般民衆にとっての「解放令」

- 突然「身分・職業とも同じ」➡素直に受け入れられない＋納税・徴兵・学制の負担
  - ➡怒りの矛先が被差別部落にも向けられる
  - ➡解放令反対一揆……西日本各地で 20 件以上（筑前竹槍一揆など）、被差別部落襲撃一揆のなかった地方でも、日常生活における差別が続く
    - ※身分制度は否定されたが、差別意識・行為をなくすものではなかった

4 部落の困窮化

- 明治政府：急速な工業化……地租改正による

松方デフレ……財政・金融の引き締め

　　　　➡農作物価格下落・農民困窮➡小作人あるいは低賃金労働者に

　　　　　　　　　　　　➡都市では生活困窮者によるスラム形成

・被差別部落の人々への影響……皮革専売権廃止・警刑吏の仕事廃止＋松方デフレ

　　　　　　　　　➡貧困化の波がいっそう押し寄せる

※日露戦争以降、大企業による終身雇用制確立➡身元調べ：部落の人々を排除

　➡石炭・紡績など不安定・過酷な仕事にしかつけない

　　都市のスラム化した部落は、低賃金労働力の供給源に

　➡資本主義の発展を根本で支える

5　水平社

・米騒動……シベリア出兵後の米価高騰から、全国に広がる➡部落の人々も多数参加

➡融和政策……政府は治安対策の一環として、部落改善政策に力を入れる

　　　　　一段高い所から、部落に手を差し伸べるもの

➡しかし、社会の同情に訴えるのでは差別の解決はできない、と考える人も

　＋社会運動の活発化……第一次世界大戦後の不況下、大正デモクラシーの風潮

➡自らの力で解放をめざす、自主的な運動が起こる

　　　・燕会（奈良県）……西光万吉・阪本清一郎・駒井喜作らが結成

　　　　　　　パンフレット「よき日の為めに」を全国の部落に送る

　　　　　　　➡各地の青年たちが立ち上がる

　　　※背景：これまで差別が当然・差別されても仕方ない、という考え方

　　　　➡論文「特殊部落民解放論」

　　　　　　・部落の人々が立ち上がる必要➡水平社創立へ

1922 年 3 月 3 日 全国水平社創立大会……岡崎公会堂（京都）、全国から結集

・「水平社宣言」……日本で初めての人権宣言

　➡「人間を尊敬する事によって自ら解放せんとする者の集団運動」が開始された

・糾弾闘争を展開……差別に対して部落民自身による初めての反撃手段

　　　　　　　　部落差別の不当性を訴える

1931 年 満州事変勃発➡国家主義・帝国主義の高揚

　➡水平社指導者のなかにも融和運動に参加する人も

　　国家総動員体制に呼応して国策に組み込まれ、戦争協力の姿勢も

1941 年 太平洋戦争開戦➡ 1942 年 全国水平社消滅

6　戦後の運動

- 日本国憲法制定➡人権侵害はあってはならない問題、社会的身分による差別禁止
  ➡しかし、部落の劣悪な環境は放置され、教育を受ける権利もないがしろに
  　　血筋・家柄・貧困による差別

1951 年 オール・ロマンス事件：小説「特殊部落」……作者は京都市職員
　　　　• 在日朝鮮人差別や部落差別を助長する内容
　　➡劣悪な環境を放置した京都市行政が差別を温存➡市当局の責任追及
　　➡行政施策を求める運動が全国に拡大

- 高度経済成長➡生活水準向上➡取り残された被差別部落との間の格差が拡大
  - 都市ガス：一般地区 60％、部落はよくてプロパンガス、多くは七輪
  - 下水道：一般地区 60％超、部落は 5％
  - トイレ：共同、5 世帯に 1 つ
  - 水道：10 世帯に 1 つ
- 貧困・差別➡教育を受ける権利×➡男の 54％が日雇い労働
  ➡生活環境×➡差別意識を再生産➡解消するための政策を求める

7　同和対策事業

1965 年 同和対策審議会答申
　　　　• 「日本国憲法によって保障された基本的人権にかかわる課題」
　　　　• 「早急な解決こそ国の責務であり、同時に国民的課題」
1969 年 同和対策事業特別措置法➡以後 33 年間、同和対策事業を実施
　　➡生活環境をはじめとして大きく改善され、周辺地域との格差が縮小した
　　　その一方で、差別意識は根強く残されてきた

1975 年 部落地名総鑑差別事件……購入者の大半は企業、就職・結婚で排除するため利用
　　　　• 30 年後に戸籍謄本等不正取得事件➡部落地名総鑑とフロッピーディスクを大阪
　　　　　の興信所が隠し持つ➡戸籍謄本等と照合して身元調査

知ることは、正しく判断し、正しく行動するための必須条件

人権ホームルーム　記録シート
取材シート　私のエキスパート・テーマは「Ａ・Ｂ・Ｃ・Ｄ」です。
DVD

テーマＡ：賤民廃止令（解放令）の欠陥

テーマＢ：融和運動から水平社運動へ

テーマＣ：戦後昭和の部落解放運動

テーマＤ：同和対策事業

振り返りシート　おわりははじまり　何か一言書いておこう。

Q1. どんなことがわかりましたか。

Q2. さらに、どんなことを知りたいと思いましたか。

今日の理解度
　　　　5・4・3・2・1

2年_____組_____番　名前_____

人権ホームルーム　チェックテスト

2年＿＿＿組＿＿＿番　名前＿＿＿＿＿＿＿＿＿＿＿＿＿＿＿＿＿＿＿＿

テーマＡ：賤民廃止令（解放令）の欠陥

Q1.　1872（明治4）年に明治政府はいわゆる「賤民廃止令（解放令）」を発布した。これにより、「えた、非人」の「①　　　　　　　　」が廃止され、「②　　　　　　」も「③　　　　　　」も平民と同じとなった。すなわち、身分（賤民）制度が廃止された。

　　しかし、「④　　　　　　　　」を無くすための法令ではなかったため、差別意識は残存した。

　　さらに、部落の仕事であった「皮革独占」、「警刑吏」などの廃止と松方デフレ政策によって、部落が「⑤　　　　　　　」したことも加わり、部落差別は強まった。こうして生活環境・水準や就業・教育状況や経済状況の低実態が固定的になり、社会問題としての部落問題が成立することになる。

テーマＢ：融和運動から水平社運動へ

Q2.　部落の貧困化が鮮明になり、部落内の劣悪な生活環境や衛生状態、生活態度、風俗、不就学などを部落差別の原因ととらえ、これらを改善することで差別の撤廃をめざす「⑥　　　　　　」運動が、各地の部落で起こった。

　　その後、自主的な生活改善、精神教化を進めるとともに、社会の差別意識を問い、部落外の人の同情を得て、部落と部落外が打ち解けることをめざす「⑦　　　　　　　」運動が起こった。

Q3.　しかし、部落の人々は、変わるべきは部落の側ではなく差別を行う社会の側であると認識するようになる。そして、部落民自身が団結し運動することにより、部落の解放をめざし、1922（大正11）年「⑧　　　　　　」を創立した。

　　水平社宣言は、近代日本の最初の「⑨　　　　　　」とも評価される。

　　水平社運動は差別や侮辱となる言行を徹底的に「⑩　　　　　　　」するという手法をとった。

テーマＣ：戦後昭和の部落解放運動

Q4.　1946（昭和21）年に制定された「日本国憲法」には「⑪　　　　　　　」が明記され、部落差別を含め人権侵害はあってはならないものとされた。また、同年に部落解放全国委員会が結成され、1955（昭和30）年に、名称を部落解放同盟と改めた。

Q5.　1951（昭和26）年、京都市内の被差別部落を興味本位に取り上げた差別小説を、京都市の保健所職員が執筆し、月刊誌に掲載するという「⑫　　　　　　　」がおこった。この事件をきっかけとして、部落差別解消のための施策を行政に求める「⑬　　　　　　」が全国に広がった。

テーマＤ：同和対策事業

Q6.　1960（昭和35）年、同和対策審議会（＝同対審）が設置され、慎重な審議を重ね、1965（昭和40）年に「同和対策審議会答申」が提出された。

　　その答申では、同和問題は人類普遍の原理である人間の「⑭　　　　　　」に関する問題であり、日本国憲法によって保障された「⑮　　　　　　」にかかわる課題で、その早急な解決こそ「⑯　　　　　　」であり、「⑰　　　　　　」であるとうたっている。

　　この答申は「昭和の解放令」といわれている。そして、この答申を受けて、1969（昭和44）年に「⑱　　　　　　」（＝同対法）が制定された。以後、3つの時限立法により環境改善が進められた。

Q7.　3つの法律による成果と残された課題は何だと思いますか？

（解答は157ページ）

発展的学習
部落差別をなくすために必要なもの(こと)を明らかにする

教員用マニュアルⅭ

1 目的

　これまでの学習により、歴史について概略は理解できている。学んだ内容を用い、本書のコラム（19ページ）でも取り上げている、いわゆる「寝た子を起こすな」論を批判し、さらに、部落問題を解決するための提言を作成させる。

　「寝た子を起こすな」論は、「部落分散論」とともに、根強く残っている考え方で、結局、「何もしないのが一番だ」というところに落ち着き、部落問題の解決には、何らの効果ももたらさない考え方である。これまで指導者（教員）が、この考え方の誤りについてレクチャーすることはあったが、生徒が、これに対し批判的に反論を試みる活動は組み立てられてこなかった。

　目標Ⅰでは、ジグソー法を用いて「寝た子を起こすな」論の誤りを、4つの観点から指摘させる。

　目標Ⅱでは、KJ法（東京工業大学名誉教授・川喜田二郎がデータをまとめるために考案した手法。KJは考案者のイニシャル。データをカードに記述し、カードをグループごとにまとめて、図解しまとめていく）を用い、ジャンプ課題として、「何もしない」のでなければ何をなすべきか、何が必要なのかを考え、提言としてまとめさせる。

2 展開の具体例

目標Ⅰ
「寝た子を起こすな」論（「何もしないほうが〈そっとしておけば〉差別はなくなる」）を論破する

事前準備

　今回の学習内容、進め方について、担任が各ホームルームで15〜20分程度説明しておく。

①「寝た子を起こすな」論とはどういう考え方か。

②これまでの歴史学習をふまえて、反論を試みる学習を設定する。

③学習の展開の仕方について（歴史学習同様、ジグソー法を用いる）。

④前回配布した生徒用レジュメB（143-145ページ）を持ってくること。

1時間目

①立論のヒントを取材する活動（15分）

前回のグループ（テーマＡ：賤民廃止令（解放令）の欠陥、テーマＢ：融和運動から水平社運動へ、テーマＣ：戦後昭和の部落解放運動、テーマＤ：同和対策事業）に分かれ、エキスパート活動を行う。

　前回実施したチェックテストＢ（解答入り）、生徒用レジュメＢをもとに、前回の学習内容を確認する。主にチェックテストＢの結果から、正しく理解できていないと思われる個所を重点的に。

②論拠の整理。記録シートＣ（153-154 ページ）の作成（20分）

　エキスパート活動のグループを４人ずつの班に分け、それぞれの学習内容に基づき「寝た子を起こすな」論への反論を記録シートＣにまとめさせる。

③各グループの発表。取材活動（15分）

　各班の発表を聞きながら、自分の班に足りなかった論拠を取材する。

　個人のシートにメモをとる。

2時間目

①ジグソー法による班別学習（40分）

　ホームルームに戻り、４人１組の班に分かれ、各自が担当したテーマに基づいて立論した内容を発表する。

　人に教えることにより、担当したテーマに関する知識と「寝た子を起こすな」論の誤りを論破する根拠を確定させることをねらいとする。

手順　• Ａグループ担当が、担当分野からの反論を発表する。時間は７分間。
　　　　• 残り３人は説明を聞きながら適宜質問してもよい。
　　　　• ただし、説明を聞いている間は、記録はしないこと。
　　　　• 説明が終わったら、聞いていた３人は発表のなかの重要と思われるポイントを記録シートＣに記録する。時間は２分間。
　　　　• Ｂグループ、Ｃグループ、Ｄグループの順に上記の活動を繰り返す。

②振り返りシート（155 ページ）の記入（5分）

「寝た子を起こすな」論への予想される反論

テーマＡ：賤民廃止令（解放令）の欠陥

　「賤民廃止令」は、「職業・身分は平等」といいつつも、実質的な施策は何も指示しなかった。差別を禁止することもなく、部落の人たちの権利を奪う一方、なんら経済的補償、法的保護をせず、結果としてかえって差別を強化することになった。何もせずに差別がなくなるなら、「職業・身分は平等」と宣言するだけで十分であったはずだ。「賤民廃止令」から140 年以上も経過した現在、部落差別がなくなっていないことが「寝た子を起こすな」論の誤りを示している。

テーマ B：融和運動から水平社運動へ

同情・融和では部落問題が解決しないことは歴史が証明している。「寝た子を起こすな」というなら、その同情や融和さえもするなということになる。同情・融和や部落に責任を求める改善運動ではダメだということで、水平社による解放運動が起こった。以来90年以上が経過している。これだけの取り組みの結果、ようやくここまでたどり着いたわけで、何もしなかったら差別がなくなるという論は、まったく歴史を無視した考え方である。

テーマ C：戦後昭和の部落解放運動

「賎民廃止令」は、差別は間違いである、差別をしてはならないということをいっておらず、法的規制も示されていなかった。日本国憲法に、ようやく「差別解消・禁止」の内容が盛り込まれた。しかし、具体的な個別法は作られなかった。制度の廃止にとどまらない、差別撤廃の宣言を受けた法整備が、政府の責任であるはず。宣言だけで、何もしない（法整備などしない）ことが差別解消につながるなら、憲法制定以後70年近く経過したいま、差別はなくなっているはずである。

テーマ D：同和対策事業

同対審答申は画期的内容であった。「賎民廃止令」の限界を認識したうえで、「日本国憲法によって保障された基本的人権にかかわる課題」であり、「早急な解決こそ国の責務であり、同時に国民的課題」であると明言した。さらに今後の同和対策は総合対策でなければならず、憲法に基づくと宣言した。また、差別に対する法的規制が不十分であり、司法的救済が必要と指摘した。しかし、「総合対策」にはなりえなかった。

40年以上にわたる事業法の結果、なお差別はなくなっていない。何もせず、そっとしておいたら差別はなくなるなどという考え方はまったく根拠に欠けたものである。

目標 II
ジャンプ課題：部落差別をなくすために必要なもの(こと)へチャレンジする

「何もしない」「そっとしておく」ことが部落問題の解決法にならないのであれば、何をなすべきか、何が必要なのかを考え、提言としてまとめさせる。

ジャンプ課題とは、難易度が高い課題。難易度が高く一人では解決できないから、班員4人がそれぞれ考えを巡らせ、4人で取り組むことで、多様な解決法の候補を挙げることをめざす。一連の学習の包括的な問いとして設定する。

事前準備

①これまでの学習で用いた資料、記録シート A・B・C など。

②必要に応じて本書所収の各種データ。

②KJ 法で用いるカード（ポストイットなど）、カード貼付用の A3 用紙。

1 時間目

①ジャンプ課題に向きあう（10分）

　担任は、4 人 1 組の班に分かれるよう指示。前回の学習内容（「寝た子を起こすな」論に反論する根拠）を確認し、ジャンプ課題を提示する。

②KJ 法による活動（35分）

　KJ 法を用いて、「部落差別をなくすために必要なもの（こと）」を思いつくだけカードに書き出し、時間軸、内容ごとなどに工夫して整理・配置する。

2 時間目

①各班で、KJ 法によって見えてきた「部落差別をなくすために必要なもの（こと）」について、前回の学習で作成した記録シート C も参考にし、提言シート C（155 ページ）を完成する。（20分）

②各班による発表

　各班は、KJ 法の結果を示しつつ、作成した提言シート C の内容を発表する。各自発表を聞きながら、提言シート C にメモをとる。（25分）

③振り返りシートの記入（5分）

④各班の提言シート C を回収し、よくまとめられているものを抜粋し、後日小冊子として配布する。

人権ホームルーム
「寝た子を起こすな」論への反論

取材シート：私のエキスパート・テーマは「Ａ・Ｂ・Ｃ・Ｄ」

「部落問題のことは口に出さず、そっとしておけば差別は自然になくなる」、「知らない人にわざわざ知らせる必要はない」などに代表される「寝た子を起こすな」論は以下の点において誤りであると言える。

テーマＡ：「賤民廃止令（解放令）の欠陥」からの反論

テーマＢ：「融和運動から水平社運動へ」からの反論

テーマ C：「戦後昭和の部落解放運動」からの反論

テーマ D：「同和対策事業」からの反論

振り返りシート　おわりははじまり　何か一言書いておこう。

Q1.　どんなことがわかりましたか。

Q2.　さらに、どんなことを知りたいと思いましたか。

今日の理解度
　　　　5・4・3・2・1

_____ 組_____ 番　名前_____

人権ホームルーム 「ジャンプ課題にチャレンジ」「部落差別をなくすために必要なもの(こと)」

部落差別をなくすために必要なもの（こと）として、以下のもの（こと）を提言します。

1.

2.

3.

4.

5.

＿＿＿＿ 組＿＿＿＿ 番 名前＿＿＿＿＿＿＿＿＿＿＿＿＿＿＿＿＿＿＿

振り返りシート　おわりははじまり　何か一言書いておこう。

Q1. どんなことがわかりましたか。

Q2. さらに、どんなことを知りたいと思いましたか。

今日の理解度

　　　5 ・ 4 ・ 3 ・ 2 ・ 1

＿＿＿＿ 組＿＿＿＿ 番 名前＿＿＿＿＿＿＿＿＿＿＿＿＿＿＿＿＿＿＿

5 教員も能動的学びを

本稿の冒頭に、「高校現場がかかえる問題点」を挙げたが、アクティブ・ラーニングを取り入れた手法のみで、「リアリティ（現実感）の希薄さ」が克服されるものではない。小・中学校でのさまざまな学習経験との連携が必要になる。部落との豊かな出合いの経験も必要になるだろう。たとえば講演会に部落出身者を招き、生徒たちと双方向のやりとりを設定するとか、フィールドワークを実施するとか、従来から行われている取り組みは今後とも有効である。そのような学習のなかに、今回のプログラムを取り入れることで、歴史の時間軸に自己の立ち位置をみいだすことができるのではないかと考える。

特に、発展的学習の目標Ⅱ「ジャンプ課題：部落差別をなくすために必要なもの（こと）」までたどり着いたとき、従来の、部落差別の解決法は「愛・やさしさ・思いやり」（心の問題）だとする考えから一歩踏み出すことができるはずである。

2016年12月16日、「部落差別の解消の推進に関する法律」が公布・施行された。「心の問題」にとどまらない、具体的かつ有効な、またユニークな解決法が生徒たちの学習活動を通して提示されればと思う。

前掲の「ラーニングピラミッド（Learning Pyramid）」において、「グループディスカッション」の学習定着率は50％とされている。以前、参加型を用いた部落問題学習を実施した経験から、「部落差別は身近にない」と言っていた生徒が、グループで話し合うなかで「そういえば家族でこんな会話があったけど、あれって部落のことを言っていたのかも」「いま思い出したけど、あの出来事は部落問題が関係していたのかも」など、記憶が呼び起こされ、学習内容と結びつく場面がしばしばあったが、さらに学習定着率が高い（90％）のは、「誰かに教えること」＝「学んだことのアウトプット」＝「認知的プロセスの外化」である。繰り返しになるが、アクティブ・ラーニングは「一方向的な知識伝授型講義を聴くという（受動

的）学習を乗り越える意味での、あらゆる能動的な学習のこと。能動的な学習には、書く・話す・発表するなどの活動への関与と、そこで生じる認知的プロセスの外化を伴う」と定義される。この稿に提示したプログラムは、一貫して生徒に「認知的プロセスの外化」を求めている。

高校での学習スタイルの変革が求められているいま、教員も

新しい手法を「能動的」に学び、取り入れつつ、新しい部落問題学習の手法、内容を構築したいものである。

人権ホームルーム　チェックテストA（140ページ）の解答
①ア 武士 イ 百姓 ウ 町人 エ えた・ひにん　②排除　③平安　④河原人　⑤ケガレ　⑥宗門改め　⑦もとの身分に戻れた　⑧古典芸能　⑨庭師　⑩皮革

人権ホームルーム　チェックテストB（148ページ）の解答
①名称　②身分　③職業　④部落差別　⑤貧困化（困窮）　⑥部落改善　⑦融和　⑧全国水平社　⑨人権宣言　⑩糾弾　⑪法の下の平等　⑫オール・ロマンス事件　⑬行政闘争　⑭自由と平等　⑮基本的人権　⑯国の責務　⑰国民的課題　⑱同和対策事業特別措置法

コラム⑭　逆差別って何？

　部落問題における「逆差別」とは、「部落の人たちだけが行政の手厚い施策を受けていることは、反対に不公平ではないか」との誤解から生じている意見です。具体的にあげてみると「税金を払わなくていい」「公営住宅に安い家賃で入れる」「子どもたちの勉強を、学校の先生がみてくれる」などです。

　言われているような「特別な施策＝特別措置法」は、2002年3月で失効しており、いまは、「部落問題の解決は、一般施策を活用して」積極的に行政で取り組むことになっています。

　税金については、まったく払わなくてよかったことはありません。当時は、被差別部落に対する差別が日常的に生活のなかにあり、就職も不安定な職業にしか就けない人が多く、学校の教育も十分に受けられないなどの実態がありました。そのために、これらの問題を解決して一定の生活ができるようになるまでの期間、税金が減免されてきました。また、「公営住宅に安い家賃で入れる」という声は、そこに同和対策事業として建てられた公営住宅の経過が十分説明されてこなかった結果、言われることだと思います。先に述べましたように、被差別部落の厳しい生活実態と行政の差別解消に向けた施策を怠ってきた歴史があります。このため、生活環境も悪く、不衛生な環境のところが多くありました。また、狭い住宅に家族何人も生活するという家庭も多かったのです。これらを解決する一つとして公営住宅が建てられました。建設された場所は、被差別部落の人たちが住んでいた土地を行政が買い上げ、そこに住んでいた人たちの住居として建てられたのです。一般の公営住宅とは建設の経過と目的が異なっています。そして差別的実態を解決する目的で、一定の期間、家賃を低く設定されてきたのです。

　このように、「逆差別」といわれている施策は、部落差別の厳しい現実とそのことを解決するための取り組みとしてなされてきたものです。そのことの啓発が十分でなかったことの結果、「逆差別」的な声が出てきたのだといえます。

　「逆差別」の声は、「部落の人たちは、私たちより下であって当たり前」「私は部落とは違う」的な、被差別部落に対する差別的な意識がそのことを支えているのではないでしょうか。

　ある自治体で働いていたとき、同和対策事業で下水道工事をしていました。そのとき、「ここの人はいいわね。下水道負担金

が減免してもらえるから。私はここにもう20年以上住んでいるけど……」と言われ、私は、「あなたも申請されれば減免されますよ」と答えました。すると「私は、同和地区の人間じゃないから」と返ってきました。この人は、同和地区に住んで20年以上になる方でした。「同和地区の人と私は違うのよ」という意識から、「逆差別」「ねたみ」的な考えが生まれていないでしょうか。また背景に、「私たちも、これらの施策を受けたい。そんな施策があればうれしい」との生活実態があるのだと思います。だとすれば、被差別部落の人たちに「逆差別」というのではなく、行政に「私たちもそれらの施策が必要だ」と施策を求めていくことです。施策が実現していくことにより、安心して暮らせる社会、人と人がつながり豊かに暮らせる社会、つまり差別をしなくていい社会、差別のない社会につながっていくと考えます。

〈細田 勉〉

コラム⑮ 少数者に対するステレオタイプ

当たり前のことですが、どんな人種や民族であろうとも、さまざまな人がいます。それは特定の地域に住む人たちやその出身者についても同じことです。さらには、同一の職業や宗教などの集団にしても、その構成員がすべてにわたって一様であることなど、ありえません。温和な人もいれば、怒りっぽい人、呑気な人もいれば、せっかちな人もいます。スポーツが好きな人や苦手な人、下品な人や上品な人、さまざまな人がいて当然です。こうした多様な人たちの集合体（人種、民族、地域、職業、宗教などのそれぞれに属する人たち）を認識する際に、その社会において広く受け入れられている固定化・単純化されたイメージに依拠して理解しようとする傾向がみられます。たとえば、「黒人は知的水準が低い」「ユダヤ人は金銭に汚く、冷血漢である」「大阪人はがめつい」「部落はこわい」。こうした一面的なイメージをステレオタイプといいます。

以前は事件報道などで、在日韓国・朝鮮人が容疑者として逮捕された場合、「田中裕行こと徐裕行」というように、通名と本名を並べることが多くありました（徐裕行というのは、オウム真理教の幹部であった村井秀夫を刺殺した容疑者です）。こうした報道に接した人たちは、在日韓国・朝鮮人が逮捕されたという事実が強く印象に残り、在日韓国・朝鮮人には犯罪者が多いと思ってしまうのです。いくつかの事例だけで、あたかもそのマイノリティグループ全体の特徴であるかのようにみなしてしまう。これが少数者に対するステレオタイプです。

仮の話ですが、ある中国人旅行者が電車に乗る際に、列の割り込みをしたとします。すると、周囲の人たちは「中国人はマナーが悪い」と思ってしまうのです。これが日本人による割り込みだと、「困った人がいる」と言うだけで、だれも「日本人はマナーが悪い」とは思いません。日本における中国人旅行者という少数者だから、こうしたレッテルを貼られてしまうのです。

このようなステレオタイプが偏見や差別につながるのです。他者との共生とは、互いに理解し合い、尊重し合うことです。ステレオタイプは、この理解を妨げることになります。少数者集団それぞれの多様なありようを理解することが大事なのです。

〈石元清英〉

部落に近親結婚は多いのか？

　部落に近親結婚が多いという誤解は根強いといえます。筆者が担当している部落問題の授業を受けている大学生を対象としたアンケート調査では、半数を超える学生が部落では近親結婚が多く行われていると思っていることがわかりました。しかし、現在も、そして過去にさかのぼっても、周辺の地域に比べて、部落で近親結婚が多い（多かった）という事実はありません。

　江戸時代は身分制社会なので、結婚は同じ身分同士で行われました。百姓は百姓身分同士と結婚をしたのと同様、穢多身分であった人は、同じ穢多身分の人と結婚をしました。しかし、同じ穢多身分同士で結婚をしたからといって、それが近親結婚であったわけではありません。結婚で人が移動する範囲を通婚圏といいますが、穢多身分の通婚圏は非常に広かったということがわかっています。右の図は泉州の南王子村という穢多村に結婚のために入ってきた人がどこから来たのかを示したものです。これによると、同じ泉州だけではなく、河内や摂津、そして紀州や大和、山城などの遠隔地の穢多村から結婚で南王子村に人が入ってきていることがわかります。この当時の百姓村の通婚圏は、現在の中学校区ほどの広さで、遠くても郡を出るということはありませんでした。それゆえ、穢多村の通婚圏は非常に広かったといえます。こうした広い通婚圏を可能にしたのは、皮革の流通をとおして形成された穢多村の広いネットワークでした。

　現在は、本文でふれたように、部落外出身者との結婚が非常に多くなっています。それゆえ、過去も現在も、部落で近親結婚が多かった（多い）ということはないのです。

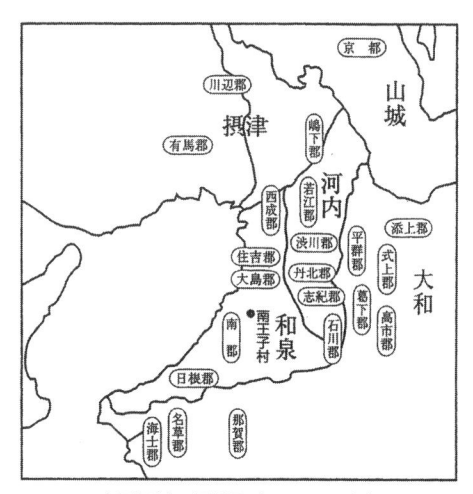

南王子村の通婚圏（1814-71 年）
（『大阪府南王子村文書』第 1 巻より作成。稲垣有一他『部落史をどう教えるか 第 2 版』〈解放出版社、1993〉p.34 より転載）

〈石元清英〉

●穢多（かわた・長吏）

「穢多」は、中世から近世の被差別身分の呼称。「えった」ともいう。被差別身分として固定化されたのは、江戸時代以降のこと。「穢多」の称が一般化した後も、関西などでは「かわた」、東日本では「長吏」などと自称した。

「穢多」の史料上の初見は、弘安年間（1278～88）の『塵袋』で、「清目」の異称とする（「清目」は「河原者」の異称）。1444（文安元）年の『下学集』には、「ゑた」の項に「屠児也、河原者」とあり、「穢多」は「屠児」「河原者」と同義とする。「屠児」は生類を屠ることを生業とした人々の呼称で「屠者」ともいう。中世において「穢多」とは、掃除や葬送、土木工事、斃牛馬の処理や皮革業など、「ケガレ」を清める仕事を担っていた「河原者」の異称であった。

戦国時代になると、皮革業者などが戦国大名に従属するようになっていった。織豊時代の太閤検地では、「穢多」は「かわた」などの名称で把握されることになる。「かわた」とは「皮田」「皮多」などとも記され、もとは皮革生産を担う職人や商人のことをさした。

江戸時代には、身分として固定化されていくに従い、「かわた」ではなく次第に「穢多」の称が一般的になる。「穢多」身分の人々が定住した村を、「穢多村」などと呼び（自称は「かわた村」「役人村」など）、斃牛馬の処理、皮革業、刑吏の下働きや下級警察業務などに従事させた。「穢多」身分を統括した頭を「穢多頭」と呼び、そのなかでも江戸に居住した「弾左衛門」は最も勢力があり、東日本の広範囲の「穢多」を支配した。

幕末には、「穢多」の称の撤廃を求める嘆願書が各地で提出されている。1871（明治4）年の「解放令」によって、「穢多」の称は廃されたが、現代においても差別語として用いられることがある。

●オール・ロマンス事件（オール・ロマンス闘争）

1951年に部落解放京都府連合会が京都市政の差別性を追及し展開した一連の行政闘争およびその契機となった事件のこと。当時「カストリ雑誌」と呼ばれた大衆誌『オール・ロマンス』（51年10月号）は、「特殊部落」と題する短編小説を「曝露小説」と銘打って掲載。実在する被差別部落の位置を特定したうえで、そこへ流入し生活していた在日朝鮮人と部落の人々の姿を描いたもので、動物の内臓料理、暴力団、密造酒、伝染病などをことさら強調して描き、部落を「悪の巣窟」、疫病の蔓延する街として描いた。

作者が京都市の職員であったことから問題は深刻化。市職員が差別的な意識をもっているということは、そこに京都市行政の差別的な姿勢が反映されているのではないかという追及がなされた。市長は、行政の差別的な姿勢を認め、京都市の同和行政は大きな変化をとげる。

同年12月に部落解放京都府連合会が打ち出した「吾々は市政といかに闘うか──オール・ロマンス差別糾弾要項」は、差別を「意識（観念）」としてではなく、無関心（無視）や放置という「行為」ととらえ、それが社会全体に差別的な影響を与え広めた構造を明らかにし、その実態を放置している市政のありようを問題にした。さらに「差別は市政の中にある」ことを具体的に示し、その解決を求めた。戦後の部落解放運動の基本的形態である差別行政反対闘争（行政闘争）の端緒をつくったのが、このオール・ロマンス事件（闘争）である。

●解放学級

被差別部落において、小中学校の子どもが集まり、学力を身につけること、部落問題やさまざまな差別問題について学び差別に負けない力をつけることを主な目的として行われてきた学びの場で、保護者、地域、学校などが関わって行われてきた。地域によって、その内容や形、保護者・地域・学校の関わり方、名称もさまざまである。

たとえば兵庫県では、1963年から「学力補充学級」が県単事業で始まった。背景には、当時の

部落の子どもたちが置かれていた劣悪な教育環境の結果としての低学力があり、「子どもに学力を」と願う親たちの思いと運動があった。1969年の同和対策事業特別措置法の成立を受け、1970年には「学力促進学級」と名称が変わり、事業対象地域も一気に拡大している。1974年には「社会的立場の自覚」を掲げた「解放学級」へと発展していった。その後、1982年の地対法、1987年の地対財特法と、同和対策事業に係る法律の改正に伴い、名称なども変化している。2002年の地対財特法終了後も同様である。

●改良住宅

主に同和地区内に同地区住民を対象として建てられた公営住宅。

1965年の同対審答申では「部落が劣悪なる生活環境におかれている原因は、河川敷、堤防下、崖の上、谷間、低湿地、浜辺といったような大風雨や豪雨によって、たちまち災害を受けるようなことが多いからであり、中には人間の住むところではないといったような地域もみられる。すなわち、このような居住地域については、その実態を調査し、抜本的に改善する対策を樹てる必要が認められる」とし、住宅建築をはじめとする「環境改善に関する対策」が最優先に取り組まれた。

同和地区の住環境整備は、戦前の1927年、「不良住宅改良法」の制定から始まる。これは、大都市の不良住宅密集地を中心に行われたもので、伝染病や延焼、社会への不満から発生する暴動などを防ぐことを目的に、その周辺の人たちの安全や衛生を守るという視点から制定されたものであった。1960年、同法にかわるものとして「住宅地区改良法」が制定された。これは明確にその地区住民の基本的人権を守る目的で制定され、児童遊園、共同浴場、集会所、共同作業場など、地区住民にとって必要な施設や、道路、公園、広場などの公共施設も含めて、改良事業を推進していくことが定められた。

改良住宅の供給対象は、住宅地区改良事業の施行により、居住する住宅を失って住宅に困窮する者。借家の場合には借家人が該当する。96年までに同和地区に建設された改良住宅は約6万7600戸。住宅のタイプは、低層、中層、高層の耐火構造のほかに、2階建ての簡易耐火構造がある。改良住宅の管理は公営住宅に準じ、供給当初の世帯が転居した場合は公営住宅として管理される。96年同法の改正により、改良住宅も一般公営住宅と同じく「応能応益家賃」とされ、2002年の特措法切れとともに、段階的に移行していくことになった。

●河原者

中世の被差別民の呼称で、「川原者」などとも記される。免税地とされた河原に居住し、掃除や葬送、芸能やその興行、斃牛馬（へいぎゅうば）の処理や皮革の生産、染色業、作庭や井戸掘りなどの土木工事など賎業とみなされたさまざまな雑業に従事した。『左経記』の「長和5（1016）年1月2日条」には、「河原人」が牛の皮を剥ぎ、牛の腹中から牛黄（ごおう）を取り出したとの記述があり、これが史料上の初見とされている。室町時代になると、こうした雑業に従事するかたわら、幕府や寺社の雑用にも使われ、警護など下級警察業務にも従事させられた。

室町時代中期頃には、「山水河原者（せんずい）」と呼ばれる庭造りに活躍する者が現れる。なかでも「善阿弥（ぜんあみ）」（1386～1482）は作庭の技術にすぐれ、8代将軍足利義政の目にとまり、生涯にわたってその寵をうけ、将軍御所・諸寺院などの作庭に従事した。『鹿苑日録』の「長享3（1489）年6月5日条」で「天下第一」と評されるなど、当時非常に高い評価を受けていた。子の小四郎、孫の又四郎も庭師として活躍した。

近世以降においても「河原者」「河原乞食」などといった言葉は賎称語として用いられた。

●糾弾

1922（大正11）年に創立された全国水平社から続く部落解放運動の柱であり、差別との闘いの中心的な戦術。

差別行為の事実関係を確認し、その責任を問うなかで差別問題に対する認識や姿勢を糾すことであり、糾弾は差別への単なる抗議行動ではなく、

差別をした人に間違いをさとらせ、部落差別の解決をめざす人間に変わっていくことを求めるもの。

●教科書無償運動

現在、義務教育課程の教科書は無償となっているが、無償配布が始まったのは1964年からである。部落解放同盟は1955年の全国大会で「義務教育は無償でなければならない」として、教科書無償要求闘争を行うことを決め、各地で多様に取り組まれたが、無償化の大きなきっかけになったのは、部落解放運動や教職員組合などが1961年から取り組んだ、高知市長浜での運動である。長浜にある被差別部落は半農半漁で、不安定な労働に従事している人が多く、母親たちの多くは失業対策事業（失業者に対して国や地方公共団体が政策的に雇用機会を創出し、その労働収入で再就職までの生活の安定を図る失業者救済事業）で働いていた。それで1日働いて得られる収入は約300円で、毎年3月に準備しなければならない教科書代は小学校約700円、中学校約1200円だった。この他にも教材備品、図書購入費、光熱費、運動場整備費など、多くの負担をしなければならず、「公立ではなくPTA立だ」と言われていた。当時、学校の教師と学習会を行っていた母親たちをはじめ、長浜の部落の人々は、憲法26条に「義務教育は、これを無償とする」とあることを学び、教師や地域の民主団体や部落外の人々にも働きかけて「長浜地区小中学校教科書をタダにする会」を結成（1961年）。「貧しい人に対する福祉」ではなく、「憲法に保障された権利」を掲げ、集会を開き、署名活動をし、多くの団体にも働きかけた。高知市教育委員会とも交渉につぐ交渉を行った。高知市議会も、内閣総理大臣や文部大臣あてに「意見書」を提出。この問題は国会でも取り上げられ、1962年「義務教育諸学校の教科用図書の無償に関する法律」、1963年「義務教育諸学校の教科用図書の無償措置に関する法律」が成立した。1964年は小学校1〜3年、1965年は1〜5年と順次枠を広げ、1969年に小・中学校全体が無償となった。

●ケガレ

死や出産、出血、犯罪、自然災害、化学変化を用いた技術などといった、通常の状態に変化をもたらすこと、理解しがたい不思議な力に関係することを「ケガレ」と呼び、忌避することが前近代の社会では広く行われていた。何を「ケガレ」とし、誰がどのように忌避するのかについては、各時代により異なる。「ケガレ」には古くから「穢れ」の字が当てられる。

平安時代、貴族の間では「浄・穢」の観念から、とくに死・産・血（人の死や出産、月経、肉食など）に触れることを不浄であるし、「ケガレ」とした。「ケガレ」は接触により次々と伝染するとされ、不快なもの、悪しきものとして忌避された。平安時代は貴族社会の内に留まっていたが、鎌倉時代になると武士や民衆の間にも広がっていった。

中世では、死・産・血といったことだけでなく、地震などの自然災害や日食、化学変化を用いた技術なども「ケガレ」として忌避するようになる。「ケガレ」観念が広がるにつれ、「ケガレ」を清める人たちの必要が増していった。鎌倉時代には、「ケガレ」を清める仕事（例えば、斃牛馬の処理や葬送など）に従事する人たちを賤視・不浄視する傾向が強まるが、同時に神仏の力を背景とした特別な能力をもった存在として畏怖するようになった。室町時代になると、神仏への畏怖の念が弱まるのにつれて、清める力のあるとされた人たちへの畏怖の念も弱まり、賤視・不浄視が強まっていくことになる。近世においても「ケガレ」観念は人々のあいだで広く共有されていたが、近代になり科学思考・知識が広まることによって、意識されることは少なくなってきている。

このような「ケガレ」観念は、部落差別・女性差別・障害者差別などの思想的基盤となった。

●識字学級

識字とは「文字が読み書きできること」で、識字率は一般的に初等教育を終えた15歳以上の人口に対する読み書きできる人の割合を指す。就学の機会をもてなかった成人が文字を獲得するための運動を「識字運動」という。ユネスコの世界の

教育に関する統計によれば、非識字者は都市より農村、男性より女性など、社会のなかで弱い立場にある人ほど多いことがわかっている。

被差別部落には、貧困や差別の結果、教育を十分に受けられず文字の読み書きができない人々が多かった。そのため、部落解放運動のなかで「差別によって奪われた文字を奪い返す」識字運動が組織的に取り組まれてきた。始まりは戦後とされるが、戦前にも全国水平社が「水平社教育方針書」を策定し、軍隊入隊前の青年に文字教育を行うなど、組織的に取り組んでいる。

識字学級は識字運動の活動の中心となってきた場で、識字学校、よみかき教室などの名称もある。1953年から取り組まれた、就職に必要な自動車免許を取るための文字学習会（車友会）もその一つといえる。

戦後の本格的な展開のきっかけとなったのは、1963年、福岡県行橋市・京都郡（みやこ）の被差別部落で始まった「開拓学校」である。この取り組みは山を越えた旧産炭地、田川の部落にも伝わり、「識字学級」と呼ばれるようになった。1967年には福岡県識字学校経験交流会が開かれ、1969年の部落解放第14回全国婦人集会（現・全国女性集会）では識字の分科会が設置されるなど、全国各地に広がっていった。

識字は単に文字の読み書きを身に付けるだけではなく、自らの思いや生き方を表現することを通して、社会的立場を自覚し、人間として自らを解放していく営みであるといえる。

1990年の国際識字年を契機に、部落の識字運動は世界、特にアジアの識字運動との交流を図ってきた。国内でも夜間中学校、日本語よみかき教室などとのネットワークを広げている。近年、部落の識字学級は参加者も多様になり、学習内容も文字にとどまらず多様になっている。

●集会所・教育集会所

同和地区の社会教育活動の充実・発展を図ることを目的として市町村によって設置された同和対策集会所で、行政的には文科省が管轄するため「教育集会所」と称されることも多い。30世帯以上200世帯未満の地区を対象とし、施設規模は延べ床面積132㎡以下でかつ指導員などの人件費補助はないといった制約がある。そのため部落のまちづくりでは、集会施設・教育施設としては隣保館や児童館が優先され、集会所は前記の施設の補助施設もしくは小規模部落で前記の施設が設けられない場合の施設として活用された。

●統一応募用紙（全国高等学校統一用紙）

新規高卒者が就職試験を受ける際に、求人者側に提出する応募書類。差別選考を排除するため、1970年に近畿高等学校進路指導連絡協議会が「近畿統一応募用紙」を作成。同時に、①社用紙を拒否する、②本籍地を府県名にとどめる、③就職選考日を10月1日以後とすることを労働・教育行政との連携のもとに決定し、71年度から「近畿高等学校統一用紙」一本で応募していく取り組みを進めた。この取り組みは全国的に広がり、73年3月に労働省、5月に文部省が、全国高等学校長協会が定めた「全国高等学校統一用紙」を使用するよう通達を出すにいたり、「統一用紙」の全国化が実現した。

「統一用紙」を使用するまでは、家族の職業や収入、宗教など、差別につながる調査項目にあふれた「社用紙」が用いられ、また戸籍謄（抄）本の提出義務や身元調査と相まって、行政・企業による差別選考は当然のように行われていた。

96年、以下の内容で全国改訂。1. 履歴書・身上書を「履歴書」とする。2.「男・女」欄を「性別」欄に。3.「本籍」欄を削除。4. 保護者に係る「本人との続柄」欄および「年齢」欄を削除。5.「履歴」欄を「学歴・職歴」欄とし、高等学校入学から記入する方式に。6.「家族」欄を削除。7. 規格をA4判に。また、調査票については、「行動及び性格の記録」欄および「備考」欄を合わせて「本人の長所・推薦事由等」欄とするなどと改訂された。

●同和加配教員

同和地区の子どもが通う保育所、小学校、中学校、高等学校に対して、教育保障上で特別な配慮

を必要とする場合に、保育士や教職員を定数に加えて配置すること。なお、公立校における同和加配は、同和対策事業が終了した2001年度末に終了。2002年度からは、その他の加配（不登校加配、いじめ加配、問題行動加配）と統合され「児童生徒支援加配」となった。

● 同和対策法

1961年、総理府（現・内閣府）の付属機関として設置された同和対策審議会は、同和問題を解決するための施策に関する総理大臣の諮問に対して、65年に答申を出した（同対審答申）。この答申のなかで、特に緊急を要する課題として特別措置法の制定など6項目が掲げられた。政府はこれに基づき、法案を国会に提出し、1969年に同和対策事業特別措置法が成立した。同対法は10年間の時限立法であったが3年間延長され、その後、新たな法律が制定された。被差別部落の環境改善や差別の解消を目的とした一連の法律を同和対策法と総称する。最後の同和対策法が失効する2002年度末までの33年間にわたって、主に住環境整備（生活道路の設置、河川の堤防の改修）、公営住宅や社会福祉施設（保育所、高齢者施設、隣保館）の建設、雇用の創出、奨学金などの特別対策事業が行われた。

同和対策法によって被差別部落内の住環境、生活水準は大きく改善されたが、「部落だけが優遇されている」といった、いわゆる「逆差別」論を生み出すことにもなった。

法律の変遷

1969年度〜1978年度「同和対策事業特別措置法」（略：同対法／10年間の時限立法）

1979年度〜1981年度　同法一部改正3年間の延長

1982年度〜1986年度「地域改善対策事業特別措置法」（略：地対法／5カ年の時限法）

1987年度〜1991年度「地域改善対策特定事業に係る国の財政上の特別措置に関する法律」（略：地対財特法／5カ年の時限法）

1992年度〜1997年度　同法一部改正延長（5年間延長）

1998年度〜2002年度　同法一部改正延長（5年間延長）

● 同和向公営住宅（同和住宅）

同和地区に居住する同和関係世帯を対象とする特定目的公営住宅。一般に同和住宅というときには、改良住宅でない同和関係者向け公営住宅を指すことが多い。地区内で敷地が確保できない場合は、地区の外に建設される場合もある。1961年から建設が始まり、71年に正式に公営住宅と位置づけられた。しかし、87年に地対法の失効、地対財特法の制定にともない、同和向公営住宅の新規供給は廃止された。

● 非人

中世の「非人」は、「穢多」「河原者」「宿」「坂ノ者」「癩者」「乞食」など、多様な被差別民の総称。

近世の「非人」は、城下町に流入してきた窮民などを中核として形成された被差別身分。呼称・役儀・生業などに、微妙な地域差がある。

「非人」対策は、為政者にとっては城下町経営の大きな課題であり、「非人頭」に「非人」集団を統括させた。江戸では1608（慶長13）年に、車善七が町奉行によって「非人頭」に任命されている。大坂では「非人頭」を「長吏」、京都では「悲田院年寄」「与次郎」などと称した。「非人頭」は、城下町の「非人」を狩り込み、管理下においた。頭のもとに組織化された「非人」を「抱非人」、組織に組み込まれていない「非人」を「野非人」と称する。何らかの理由で他の身分から「非人」となった者は、一定の条件を満たせば元の身分に戻ることができたが、両親が「非人」の者は「非人素性の者」と呼ばれ、他の身分に移ることはできなかった。

江戸には、常時5000人前後の「抱非人」がおり、堀の不浄物処理や清掃、牢番や処刑の下役などの役儀を負担し、雑芸能や雪踏直し、古木拾いなどを生業としていた。1721（享保6）年以降、東日本では「非人」は「穢多頭」の「弾左衛門」支配下となる。近世中期以降、斬髪や入れ墨など、「非人」に対する風俗規制が強化された。

1871（明治4）年の「解放令」によって、「非人」の称は廃され、集住地の多くは解体されたが、一部は被差別部落として残っている。

●部落解放運動

部落差別による人権侵害に対して抵抗し、基本的人権の回復・確立を求める運動。

1890年代に被差別部落の有力者や官憲などによって、生活や環境の改善を求める部落改善運動が起こったが、これは差別の原因を部落に求めるものであった。その後、1910年代には社会の側にも一定の反省を求める融和運動へと進んでいった。

これに対して、部落民自身の団結と決起により、差別を徹底糾弾することで部落の解放を目指す、全国水平社が1922年に創立された。全国水平社は第二次世界大戦中に消滅したが、敗戦後の1946年、全国部落代表者会議が開催され、松本治一郎（1887〜1966）を初代委員長として部落解放全国委員会が発足。1955年から現在の「部落解放同盟」に改称された。

その後、主流派の社会党系同盟員と共産党系同盟員との間で同対審答申の評価や糾弾闘争のあり方をめぐって意見が対立。共産党系同盟員は全国部落解放運動連合会（全解連、現：全国地域人権運動総連合）という別組織を結成した。

部落解放同盟は、自主的・大衆的な運動団体として、現在38都府県2200支部で構成されている。部落の環境改善や部落大衆の生活擁護、仕事保障、教育の機会均等を求める運動だけでなく、1963年に埼玉県狭山市で起きた「狭山事件」で部落への予断と偏見による見込み捜査で犯人とされた石川一雄さんを支援する闘いを推進してきた。さらには障害者、在日韓国・朝鮮人など被差別マイノリティとの連帯を追求。また1988年には国際人権NGO、反差別国際運動（略称：IMADR）を結成するなど「世界の水平運動」をスローガンに、全世界の平等を求めて活動を続けている。

なお、現在、日本政府が交渉対象団体として認めているのは、部落解放同盟、全国地域人権運動総連合、自由同和会の3団体である。

●部落差別解消推進法

2016年12月16日に公布、施行された新法で正式名称は「部落差別の解消の推進に関する法律」。

2016年5月開会の第190通常国会で、自民、公明、民進3党の議員によって共同提案されたもの。

「人権侵害に対する救済」や「差別行為に対する規制」もない理念法（全6条）ではあるが、日本の憲政史上はじめて「部落差別」という用語が使われた恒久法であり、「現在もなお部落差別が存在するとともに、情報化の進展に伴って部落差別に関する状況の変化が生じていることを踏まえ、全ての国民に基本的人権の享有を保障する日本国憲法の理念にのっとり、部落差別は許されないものであるとの認識の下にこれを解消することが重要な課題であることに鑑み、部落差別の解消に関し、基本理念を定め、並びに国及び地方公共団体の責務を明らかにするとともに、相談体制の充実等について定めることにより、部落差別の解消を推進し、もって部落差別のない社会を実現することを目的とする」と第1条に明記されるとともに、国や地方自治体に相談体制の充実（第4条）や啓発・教育の推進（第5条）、実態調査（第6条）などを求めている。

国が現在においても部落差別が存在していることを認め、部落差別は許されないものであるとの認識を示したことの意義は大きい。

●松方デフレ

松方デフレとは、西南戦争後のインフレーションを解消するため、大蔵卿（現在の財務大臣）の松方正義が行った財政政策により発生した、1880年代のデフレーションのこと。西南戦争（1877）の戦費を調達するため、大量の不換紙幣（金貨との交換義務がない紙幣）を発行したため、貨幣の価値が下落し深刻なインフレになった。1881（明治14）年に大蔵卿に就任した松方はインフレを解消するため、増税、官営事業の払い下げ、歳出削減、紙幣の回収などの政策を行った。その結果、深刻なデフレとなり、貧富の差が拡大した。多くの農

民が没落し、自作農から小作農に転落する者や、困窮して都市に流入する者が多くあらわれた。財閥や地主が資本を蓄積し、産業化が進んだ。

江戸時代、被差別部落は格別貧しいというわけではなかったが、近代以降、一般地域よりも貧しくなっていったとされる。その原因として、「解放令」によって斃牛馬処理権（へいぎゅうば）など職業上の特権を失ったことで衰退が始まっていたため、一般地域よりも松方デフレの打撃を大きく受けることになったといった説明がなされてきた。しかし、1880年代の松方デフレ以降も豊かな部落が存在したこと、松方デフレによって貧困化が進んだ部落でも人々が経済的打撃を等しく受けたわけではなく、部落内において二極分解が進んだこと、農村部と都市部で状況が異なったことなどが知られており、部落全体が貧困化する時期や過程について、松方デフレを強調しない論も存在する。

●隣保館

隣保館とは、社会福祉法で規定された第2種社会福祉事業である「隣保事業」を専門に実施する福祉施設。設置運営の主体は主に「市町村」で、全国に約850館設置されている。現在、「隣保館」と称する施設は2割弱で、「総合会館」「人権○○」など多様な名称がある（2016年、全隣協加盟施設調べ）。

日本の隣保事業は、19世紀後半イギリスで誕生したセツルメント「トインビーホール」の影響を受け、明治後期にスラム地区対策として民間の社会事業家によって始まる。セツルメントは「隣保事業」「隣保館」と和訳された。

部落の隣保館は、大正期以降の部落問題への社会的関心の高まりと、水平社運動の勃興のなかで、感化救済・治安対策的活動の一環として公営設置されるようになったが、多くの隣保館は戦後1950年代以降に設置された。69年の同和対策事業特別措置法の制定によって、隣保館の設置・運営は同和対策事業として位置づけられ、全国で隣保館の建設が進み、多いときには全国で970館にもなった。

97年度より隣保館は地対財特法対象施設（特別対策）から社会福祉事業法対象施設（一般対策）へと位置づけが変わり、「隣保館設置運営要綱」の目的にある「同和問題解決」の記述が「人権・同和問題の解決」へと変更。隣保館は「住民交流の拠点となる開かれたコミュニティー・センター」としての総合的事業を、周辺地域を含めて展開していく。2002年に「厚労事務次官通知」で「同和」という名称が完全に削除され「人権問題、福祉問題の解決」を目的とするが、同年3月に出された「人権教育・啓発に関する基本計画」で、「同和問題」の章に隣保館が位置づけられており、隣保館は部落問題解決のための拠点施設であるという位置づけは変わっていない。主な事業は、①社会調査および研究事業、②相談事業、③地域福祉事業、④啓発および広報活動事業、⑤地域交流事業、⑥周辺地域巡回事業、⑦地域福祉事業。また、特別事業として「隣保館デイサービス事業」「地域交流促進事業」「継続的相談援助事業」がある。

学習をさらに深めるための図書紹介

Ⅰ、Ⅱ（石元清英）

- 部落解放・人権研究所編・発行『図説 今日の部落差別 第3版—各地の実態調査より』1997
- 朝治武ほか編『脱常識の部落問題』かもがわ出版、1998
- 部落解放・人権研究所編『変容する部落—多様化のなかの差別』解放出版社、1999
- 『大阪の部落史』普及版プロジェクト編著『自覚と誇り—「大阪の部落史」を読む 近現代』部落解放・人権研究所、2006
- 友永健三ほか編『部落史研究からの発信 第3巻 現代編』部落解放・人権研究所、2009
- 世界人権問題研究センター編・発行『部落実態調査の書誌的研究—研究第2部近現代・現状班共同研究報告書』2014

Ⅲ（宮前千雅子）

- 上杉聰『これでわかった！ 部落の歴史—私のダイガク講座』解放出版社、2004
- 上杉聰『これでなっとく！ 部落の歴史—続・私のダイガク講座』解放出版社、2010
- 大阪人権博物館編『ビジュアル部落史』解放出版社、2010
- 寺木伸明・黒川みどり『入門 被差別部落の歴史』解放出版社、2016
- 脇田晴子『室町時代』中公新書、1985
- 横井清『中世民衆の生活文化』東京大学出版会、1975
- 外川正明『部落史に学ぶ—新たな見方・考え方にたった学習の展開』解放出版社、2001
- 外川正明『部落史に学ぶ2—歴史と出会い未来を語る多様な学習プラン』解放出版社、2006
- 脇田晴子『日本中世被差別民の研究』岩波書店、2002
- 山本尚友『史料で読む部落史』現代書館、2009
- 笹本正治「戦国大名の職人編成とかわた」『解放研究』第17号、東日本部落解放研究所、2004
- 白川部達夫・山本英二編『〈江戸〉の人と身分2 村の身分と由緒』吉川弘文館、2010
- 横田冬彦「近世の身分とその変容」『日本の近世7 身分と格式』中央公論社、1992
- 杉田玄白、片桐一男全訳注『蘭学事始』講談社学術文庫、2000
- 兵庫県部落史研究委員会編『兵庫県同和教育関係史料集 第2巻』兵庫県教育委員会、1973
- 大分県総務部総務課編『大分県史 近世篇Ⅳ』大分県、1990
- ひょうご部落解放・人権研究所編・発行『人権歴史マップ 丹波版』2007
- 布引敏雄『長州藩部落解放史研究』三一書房、1980
- 布引敏雄『長州藩維新団—明治維新の水平軸』解放出版社、2009
- 上杉聰『明治維新と賤民廃止令』解放出版社、1990
- 大阪人権歴史資料館編・発行『明治維新と「解放令」—被差別部落から明治維新を問う』1991
- ひろたまさき『差別の視線—近代日本の意識構造』吉川弘文館、1998
- 黒川みどり・藤野豊編『近現代部落史 再編される差別の構造』有志舎、2009
- 井上清・渡部徹編『米騒動の研究』第1巻〜第5巻、有斐閣、1959
- 藤野豊・黒川みどり・徳永高志『米騒動と被差別部落』雄山閣出版、1988
- 朝治武『水平社の原像—部落・差別・解放・運動・組織・人間』解放出版社、2001
- 髙野眞澄『日本国憲法と部落問題』解放出版社、1984

- 村越末男『戦後部落差別事件史に学ぶ』明治図書出版、1993
- 奥田均『「同対審」答申を読む』解放出版社、2015

Ⅳ（坂本研二）

- 杉田玄白、緒方富雄校註『蘭学事始』岩波文庫、1982
- 酒井シヅ『新装版解体新書』講談社、1998
- レイフ・クリスチャンソン文、ディック・ステンベリ絵、にほんじまさあき訳　絵本『わたしのせいじゃない―せきにんについて』岩崎書店、1996
- 『同和・人権教育　つながろうやⅠ』兵庫教育文化研究所、2010
- 『同和・人権教育　つながろうやⅡ』兵庫教育文化研究所、2011
- 本橋成一　写真集『屠場（とば）』平凡社、2011
- 本橋成一・写真と文『うちは精肉店』農山漁村文化協会、2013
- 内田美智子作・魚戸おさむとゆかいななかまたち絵　絵本『いのちをいただく―みいちゃんがお肉になる日』講談社、2013
- たじまゆきひこ作　絵本『ふしぎなともだち』くもん出版、2014

Ⅴ（北谷錦也）

- 外川正明『部落史に学ぶ―新たな見方・考え方にたった学習の展開』解放出版社、2001
- 外川正明『部落史に学ぶ2―歴史と出会い未来を語る多様な学習プラン』解放出版社、2006
- 外川正明『元気のもとはつながる仲間―解放教育の再生をめざして』解放出版社、2009
- 部落問題学習ネタつくろう会編・発行『部落問題学習の授業ネタ―社会科日本史でやってみよう』2007
- 中尾健次文・西村繁男絵『絵本 もうひとつの日本の歴史』解放出版社、2007
- 上杉聰『これでわかった！ 部落の歴史―私のダイガク講座』解放出版社、2004
- 上杉聰『これでなっとく！ 部落の歴史―続・私のダイガク講座』解放出版社、2010
- 臼井敏男『部落差別をこえて』朝日新書、2010
- 内田龍史『部落問題と向きあう若者たち』解放出版社、2014

Ⅵ（井上浩義）

- 外川正明『教育不平等―同和教育から問う「教育改革」』解放出版社、2002
- 小林昭文『アクティブラーニング入門―アクティブラーニングが授業と生徒を変える』産業能率大学出版部、2015
- 小林昭文・成田秀夫著、河合塾編『今日から始めるアクティブラーニング―高校授業における導入・実践・協働の手引き』学事出版、2015
- ＊以下はネット上で手に入る情報です。
- 「アクティブ・ラーニング導入の実践的課題」溝上慎一、名古屋高等教育研究、第7号、2007
- 「協調学習 授業デザインハンドブック―知識構成型ジグソー法を用いた授業づくり」東京大学 大学発教育支援コンソーシアム推進機構 自治体との連携による強調学習の授業づくりプロジェクト Interactive Teaching（東大・MOOC講座）

編者　一般社団法人ひょうご部落解放・人権研究所

著者　「これからの部落問題」学習プログラム作成研究会
（50音順）

石元清英　いしもと きよひで　関西大学名誉教授、ひょうご部落解放・人権研究所所長　はじめに、第1部Ⅰ・Ⅱ、コラム5・11・12・15・16執筆

井上浩義　いのうえ ひろよし　元兵庫県立高等学校教諭　第2部Ⅵ、コラム1・2・8執筆

北川真児　きたがわ しんじ　部落解放同盟兵庫県連合会

北谷錦也　きたたに きんや　兵庫県稲美町立稲美北中学校校長　第2部Ⅴ、コラム3執筆

坂本研二　さかもと けんじ　兵庫県内小学校教員、兵庫県教職員組合・同和・人権教育推進専門委員　第2部Ⅳ、コラム9・10執筆

細田 勉　ほそだ つとむ　部落解放同盟兵庫県連合会、関西学院大学講師　コラム4・7・14執筆

宮前千雅子　みやまえ ちかこ　関西大学人権問題研究室委嘱研究員　第1部Ⅲ、コラム6・13執筆

はじめてみよう！ これからの部落問題学習
——小学校、中学校、高校のプログラム

2017 年 3 月 30 日　初版第 1 刷発行
2023 年 4 月 30 日　初版第 4 刷発行

編　者　　ひょうご部落解放・人権研究所編 ©
著　者　　「これからの部落問題」学習プログラム作成研究会 ©
発　行　　株式会社　解放出版社
　　　　　〒 552-0001　大阪市港区波除 4-1-37　HRC ビル 3F
　　　　　TEL06-6581-8542　FAX06-6581-8552
　　　　　東京事務所
　　　　　〒 113-0033　文京区本郷 1-28-36　鳳明ビル 102 A
　　　　　TEL03-5213-4771　FAX03-5213-4777
　　　　　振替 00900-4-75417　ホームページ http://kaihou-s.com
　　　　　装幀　畑佐実　　本文レイアウト　伊原秀夫
印刷・製本　モリモト印刷株式会社

ISBN978-4-7592-2164-0　C0037　NDC375　169P　26cm
定価はカバーに表示しております。落丁・乱丁はお取り換えします。

行動力をはぐくむ教室
もちあじワークで多様な未来を
沖本和子
B5判・110頁　定価1600円＋税　ISBN978-4-7592-2162-6
多様なもちあじを尊重し、安心して発揮できる教室は子どもたちがつながりあう。いじめや偏見に立ち向かう力や男女共生を育む実践を12のワーク・28のワークシートなどで紹介。

新版〈働く〉ときの完全装備
15歳から学ぶ労働者の権利
橋口昌治・肥下彰男・伊田広行 著
B判・127頁　定価1800円＋税　ISBN978-4-7592-6773-0
派遣法など法改定後の新版。働く人の権利や法制度を中高生から学ぶ教材集。カード使用の労働法学習、未払い賃金・不当解雇・派遣・団体交渉などのロールプレイと穴埋め式ワークシート、詳しい教師用解説と12のコラムから構成。

自尊感情が育つ元気教室
園田雅春
四六判・231頁・定価1600円＋税　ISBN978-4-7592-2037-7
子どもたちを根底から支える自尊感情。それが子どもたち自身の豊かな関係性によって育てられていく教室を、どうつくるか。長年の小学校教員の実践から生き生きと提示する。

「いま、どんなきもち？」実践のススメ
伝え、感じ、かかわりあうために
沖本和子 編著
A5判・102頁　定価1300円＋税　ISBN978-4-7592-2161-9
「いま、どんなきもち？」教材を使った保育所・幼稚園・小学校での実践をまとめた本。シールやカード、パペットやワークシートなどの事例紹介から、子どもたちが安心して多様な気持ちを表し、伝え、かかわる活動がよくわかる。

地球市民の人権教育
15歳からのレッスンプラン
肥下彰男・阿久澤麻理子 編著
B5判・150頁　定価1800円＋税　ISBN978-4-7592-2159-6
世界人権宣言や国際人権規約、マイノリティの人権にかかわる国際条約をワークシートやカード、資料などを使って、国際基準で学ぶ高校生からの教材集。解説とコラムも収載。

教育 Do it！
動詞で考える学級・学校づくりのヒント
明石一朗
四六判・141頁　定価1300円＋税　ISBN978-4-7592-2036-0
人権教育の長年の体験をもとに、昨今のさまざまな教育事情や教育問題の基本、現場教師の本音などを、ユーモアを交えてつづるエッセイ。人権教育の「魂」を伝える。

多様性の学級づくり
人権教育アクティビティ集
大阪多様性教育ネットワーク・森 実 編著
B5判・126頁　定価1800円＋税　ISBN978-4-7592-2158-9
原則をふまえ、個人から出発し社会に働きかける学習活動を、安心と傾聴・わたしとあなた・文化的多様性・バイアスを見抜く・バイアスに立ち向かうの5章で紹介するガイド本。

ひらがな学習
子どものもちあじを活かして
沖本和子
B5判・134頁　定価1600円＋税　ISBN978-4-7592-2157-2
ほぐす・ひらく・つながる「ひらがな学習」は、子どもたちがもちあじを発揮しながら安心して伝えたい思いを言葉にしていく。さまざまな授業実践と多くの学級通信からは楽しんで書く子どもたちの様子と思いが伝わる。

ファシリテーターになろう！
6つの技術と10のアクティビティ
ちょんせいこ・西村善美・松井一恵 著
B5判・83頁　定価1400円＋税　ISBN978-4-7592-2347-7
企業、地域、福祉、学校などの研修や交流会の場で参加者の豊かな対話と学び合う関係を育むファシリテーターになるための入門テキスト

知っていますか？ 人権教育一問一答 第2版
森　実
A5判・126頁　定価1200円＋税　ISBN978-4-7592-8281-8
「なぜ人権教育が必要？」「同和教育との関係は？」「学校で大事にすべきことは？」など、よくある25問にやさしく答えた入門書。今後の課題なども加えて大幅に改訂した新版。